JN097852

リーダーの戦い方
最強の経営者は
「自分解」で勝負する
内田和成
Uchida Kazunari
Leadership Starts
with Knowing Yourself
日本経済新聞出版

苟（まこと）に日に新たに、日日に新たに、又日に新たなり。（大学）

はじめに

これまで私は経営コンサルタントとして、何百人という経営者の方々、何千人というマネジャーの方々に会ってきました。本書はリーダーのあり方や戦い方について、そうした経験を通して得た私なりの考えをまとめたものです。

あらかじめお断りしておきますが、本書では「こうすればよい」という答えは示しません。こうすればうまくいくといったハウツーや、特定の経営者やリーダーの成功物語はたくさんありますが、それらがそのまま、よいリーダーになるための一般的な答えにはならないからです。

リーダーシップに「正解」はない。これが本書の出発点です。リーダーはこうあるべきだといった教科書的な考えから、いったん抜け出しましょう。

それよりも、いま自分がどういう状況にあるのか、どんな能力や性格の持ち主なのか、だとしたらどんな手を打てるのか、また自分にない能力をどうやって手に入れればよいかなどについて皆さん自身に考えていただき、あなただけの「自分解」を見出してほしいと思います。

さまざまな方法論や特定のケーススタディーは、そうした土台となる考えがあってこそ生きてきます。

リーダーシップのジレンマを乗り越える

本書の構成は、次のとおりです。

第1章では、リーダーシップには正解がないことを明らかにします。これは、リーダーシップについて考えていくうえでの前提条件です。これが答えだという正解、すなわち「シングル・アンサー」はありません。

まずは、いまあなたがいる会社や組織がどんな状況に置かれているか、どんな課題に直面しているか、あなたにはどんな役割が期待されているかを整理していきましょう。

しかし、そのなかには「あなた自身の力でコントロールできること」と「できないこと」があります。両者を混同したままでは、リーダーとして有効な手を打てませ

本書の構成

第１章　リーダーシップに正解はない

第2章
できることと、
できないことを
区別する

❶4つの環境要因
❷2つの戦略変数

▶

第3章
得意技を知る

❶軍師型
❷ビジョナリー
❸堅実派
❹率先垂範型

▶

第4章
ジレンマを
乗り越える

❶ロールモデルを探す
❷チャレンジする
❸シミュレーションする
❹パートナーを見つける

第5章　答えのない時代だからこそ求められるもの

❶先見性
❷決断力
❸実行力
❹スピード

ん。第2章では、この2つを区別していきます。

そして、第3章では、具体的なリーダーの戦い方を見ていきます。

ここで重要なのは、「自分が最も得意な戦い方」にフォーカスすることです。この章では、著名なリーダーや経営者たちの戦い方を類型化した「リーダーシップ・マトリクス」を取り上げます。軍師型、ビジョナリー、堅実派、率先垂範型といった4つのタイプのうち、あなたが最も得意とする戦い方はどれでしょうか。

しかし、それでも、その局面で必要とされているリーダーシップとのあいだにズレが生じることもあります。その場合はどうすればよいのでしょうか。

第4章では、リーダーが直面するジレンマを乗り越えていくための方法を取り上げます。皆さんがこれからリーダーとして成功するためには、どんな経験を積んでいけばよいのか、誰をパートナーあるいはロールモデルにすればよいのかが見えてくるでしょう。

最終章では、リーダーが持つ魅力について、これまでさまざまなリーダーの方々を観察してきた私なりの結論を述べます。特に現代は、答えのない時代です。何が起こるかわからない時代だからこそ、ちょっとした様子見が死を招くこともあります。わ

リーダーシップ・マトリクス

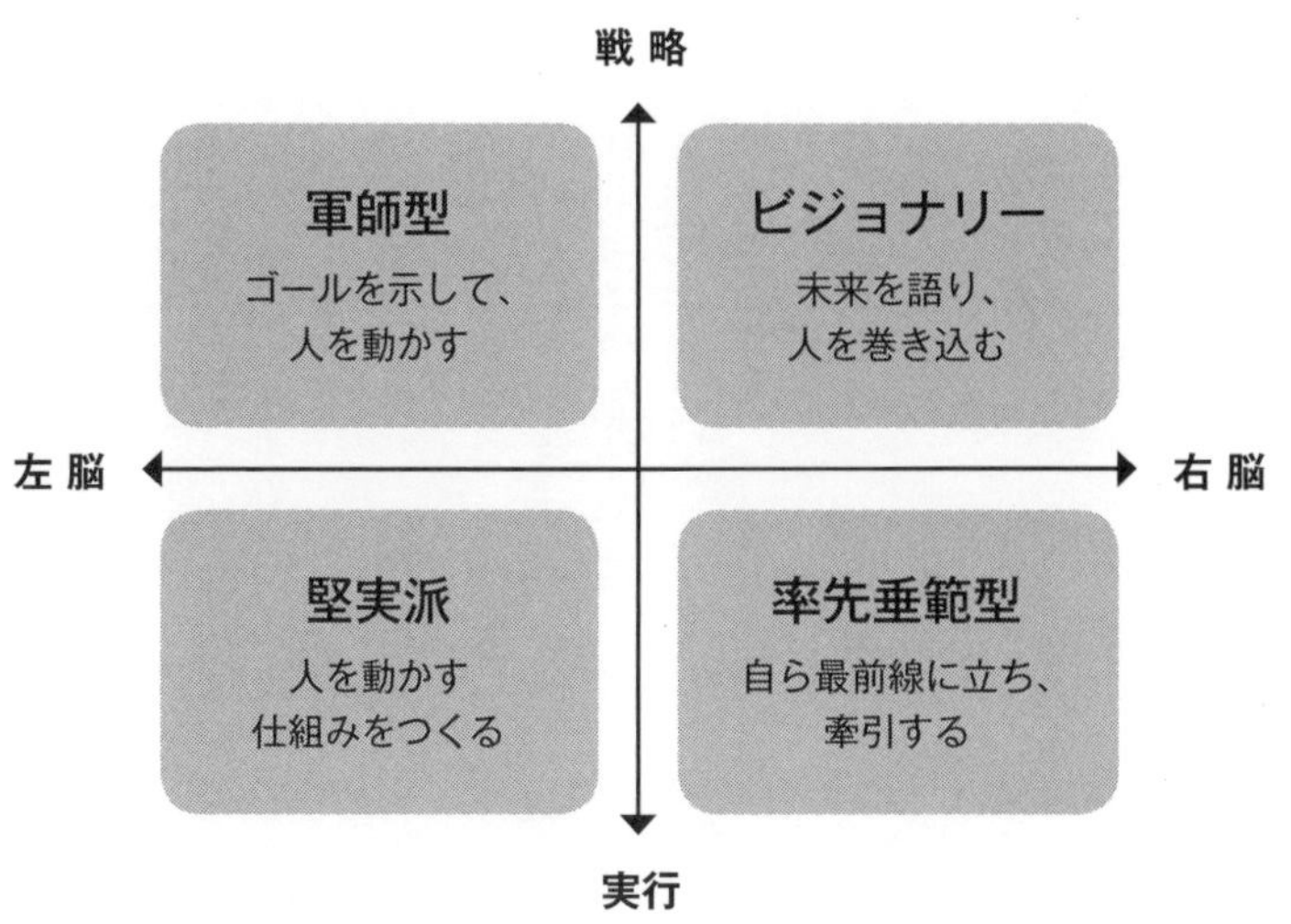

からなければ、わからないなりに何をすべきか。混迷の時代に求められるリーダーの条件を探ります。

新型コロナウイルス感染拡大による危機は、まさにそれが当てはまる状況です。政治のリーダーや企業の経営者だけでなく、すべての人に、有事のリーダーシップが求められています。仕事の場合もあれば、家族や地域に関するものもあるでしょう。

本文中でも述べていますが、「平時のリーダーシップ」と「有事のリーダーシップ」は異なります。両者の違いを理解し、自分がどちらに向いたリーダーなのかをきちんと見極めておくことも大切です。

そのうえで、自分らしい戦い方を発揮する、あるいは自分に足りない部分を誰かに補ってもらうことが重要です。

本書が、これから皆さんがリーダーとして成功するための一助になれば幸いです。

2020年6月

内田 和成

リーダーの戦い方

目次

第3章

装丁――松田行正

第1章

リーダーシップに正解はない

あなたの理想のリーダーは？

皆さんにとって、理想のリーダーは誰でしょうか。一例として、江戸時代の大名だった上杉鷹山を取り上げてみましょう。彼がおこなった改革は、現代の企業改革にも通じるところがあります。

企業改革というと、社外から改革者がやってきて大鉈を振るう、といった場面を想像される方も多いと思います。しかし、それは、「このままだと明日にも会社が倒産してしまう」という、かなり危機的な状況です。本来なら、そうした状況に陥る前に改革すべきでしょう。

とはいえ、それは簡単ではありません。多くの人が変化を嫌うからです。組織内である程度の危機感が醸成されていないと、改革を進めようという機運はなかなか生まれてこないでしょう。

ところが、それをしたのが上杉鷹山です。しかも彼は養子でした。上杉家にとっては、他の小さな藩からやって来た若造にすぎなかったのです。同族会社に中途入社した、40歳くらいの若手社長候補といった感じでしょうか。

そういう立場ですから、いきなり改革を進めようと思ってもできません。当たり前のことですが、重臣たちの頭のなかは、これまでのやり方で染まりきっています。他の藩からやって来た若者の指示に従う人など、ほとんどいません。

そこで、彼はまず「どこから手をつけるか」を見極めることに注力しました。本丸にどんと構えて人々に指図を出すのではなく、現場に足を運び、そこにいる人たちと対話しながら、そこにある課題や変革の機会を見つけていくのです。

こうして、下級武士や民を味方にしていきます。最近では「相手に尽くし導くのがリーダーである」という考え方（サーバント・リーダーシップ）がありますが、彼がとったスタイルがまさにそれです。ものすごく頑固で絶対に譲らないという根っこを持ちながらも相手の話をよく聞き、人々を巻き込んでいきました。

それだけではありません。さらにすごいのは、自分の代だけでなく、その後も藩が栄えるようにしたことです。荒れ地を開墾して新田を開発したり、産業を育成したりして、困窮していた藩の財政も立て直しました。

彼がとった手法は、組織の上と下の両方から攻めていったという点で、現代の企業改革のやり方と非常によく似ています。もし上杉鷹山が現代の企業経営者だったら、大きな成功を手にしていたでしょう。

私にとって見本となった上司

私にとっての理想のリーダーも紹介します。

それは、かつて私が勤めていたコンサルティング会社、ボストンコンサルティンググループ（ＢＣＧ）の３代目ＣＥＯ、ジョン・クラークソンさんです。彼がＣＥＯを務めた１９８６年から98年までの12年間でＢＣＧは大きな成長を遂げました。

これは簡単なことではなかったと思います。というのも、コンサルティング会社の経営は一筋縄ではいかないからです。たとえば、ひとりひとりがプロフェッショナルで自分の仕事に自信を持っているため、上司の言うことをなかなか聞こうとしません。上から指示を出すというやり方は、基本的に通用しないのです。かといって好き勝手にやらせておくと、組織はバラバラになってしまいます。

では、クラークソンさんは、どのようなやり方をしたのでしょうか。

一言でいえば、「お釈迦様の手のひらの上」経営です。会社をこういうふうにしたいという長期ビジョンを示す一方で、「こうしなさい」という具体的な指示は出しません。その代わりに、ひとりひとりの話に耳を傾けて、私はこう思うという意見をぶつけていきます。

こうしたやりとりを何度も繰り返すと、どれがクラークソンさんの意見でどれが自分の意見なのか、わからなくなってしまいます。結果として、わがままなメンバーが自分のやりたいことを好きなようにやっているつもりでも、実は大きな枠組みのなかでいえば、クラークソンさんが描いている絵のなかに収まっているのです。

その後、私がBCG日本代表になったとき、彼とまったく同じやり方をするように心がけました。私にとってのリーダーシップのお手本が、クラークソンさんだったのです。

信長、秀吉、家康——理想のリーダーは誰か

では、もう少し比較できる事例で見てみましょう。次の3人のなかからひとり、理

想のリーダーを選んでください。誰があなたにとっての理想のリーダーでしょうか。

いずれも著名な歴史上の人物です。

・織田信長
・豊臣秀吉
・徳川家康

3人の特徴を見ていきましょう。

織田信長は、革命を起こした人です。それまでの古いやり方を、まったく新しいやり方に変えました。これに対し、豊臣秀吉は、志半ばで倒れた信長のやり方を踏襲して全国統一を成し遂げた人物です。革命を成就させた人といえるでしょう。

しかし、全国を統一したものの、一代しかもちませんでした。何代にもわたって続くようにとしたという点では、徳川家康も変革者だといえるでしょう。

それぞれの人物を次のように言い表すこともできます。

・**織田信長**……革命を起こした人
・**豊臣秀吉**……革命を成就させた人
・**徳川家康**……永続的に続く仕組みをつくりあげた人

また、3人は性格もかなり違います。もちろん会ったことはないのでわかりませんが、織田信長の場合、何か逆鱗に触れるようなことをした途端、切腹を命じられそうです。家康も相当、癖がある人物のように思われます。

さて、この3人のうち、皆さんにとっての理想のリーダーは誰でしょうか。

私の場合、この3人のうちでいちばん好きなリーダーは、織田信長です。変革者だからです。

しかし、誰のもとで働きたいかといえば、豊臣秀吉です。信長ではありません。信長の場合は、先述したように、ちょっとしたことでも何か逆鱗に触れた途端に切腹を命じられそうだからです。また、家康のもとではすでに仕組みができあがってしまっているため、新しいことにチャレンジするのが難しそうです。秀吉のもとなら、自分で工夫して、さまざまなことにチャレンジできそうです。

とはいえ、この３人のうちで誰がリーダーとして最も成功したかといえば、やはり家康でしょう。３００年続く徳川幕府をつくり上げたという点からも、リーダーとして優れていたと思います。

さて、ここまで見てきて、わかった方もいると思います。誰が理想のリーダーか、あるいは誰が最も優れたリーダーかという問いに対する答えは、ひとつではありません。正解（シングル・アンサー）はないのです。

何が正解かは、直面している状況によって変わります。たとえば、３人の登場する順番が違ったら、どうなったでしょうか。もし最初に登場したのが、信長ではなく家康だったら、おそらく革命は起こらなかったでしょう。信長でなければ、足利幕府を終わらせることはできなかったと思います。

しかし、最後に家康が登場しなければ、壊され続けるばかりで、新しい仕組みが生まれなかったでしょう。破壊と創造は同じではありません。むしろ、まったくの別物です。信長、秀吉、家康という順番で、この３人が登場したからこそ、うまくいったのです。

これは、企業や組織も同じです。しがらみを断ち、古い常識を壊すには、信長型のリーダーシップが、反対に新しい仕組みをつくり、それを安定化させるには、家康型のリーダーシップが不可欠です。

3つの問いを混同するな

皆さんは、次の3つのリーダー（あるいはリーダー像）を混同しないように注意しましょう。

・尊敬するリーダー
・その人の下で働きたいと思えるリーダー
・自分が目指すリーダー（あるいはリーダー像）

私の場合、尊敬するリーダーは、変革者である信長ですが、誰の下で働きたいかといえば、秀吉でした。

企業経営者でいえば、ホンダを創業した本田宗一郎さんも、私が尊敬するリーダーのひとりです。お会いしたことはありませんが、いつもナッパ服（作業服）を着てスパナを持ち、現場が大好きで、夢を抱いていました。そして、その夢に邁進しながら、次々と革新を起こしていきます。バイクやクルマ、そして「いつかは飛行機を飛ばしたい」という夢は、いま「ホンダジェット」というかたちになって実現しました。

また、一度だけお会いしたことがある、ソニー創業者の井深大さんも、同じく尊敬するリーダーのひとりです。井深さんも本田さんに似て、没頭してしまうとまわりが見えなくなってしまうタイプでした。何か新しいものを発明したり、新しいビジネスをつくったりするイノベーターは、おそらくかなりの変わり者なのだと思います。私はそういう人が大好きです。

では、本田さんや井深さんの下で働きたいかと言われると、やはり、それは違います。おそらく私自身も似たタイプだからでしょう。どちらかというと好き勝手にやりたいほうです。

私にとって、その人の下で働きたいと思うリーダーは、前述したジョン・クラークソンさんです。後で振り返れば、彼の手のひらの上で踊っていたのだと感じることもありますが、好き勝手にやらせてくれるという点では私にとって理想のリーダーです。組織の方向性は定めるが、そのなかでは好きなようにやらせてくれる。そんなリーダーのもとで私は働きたいと思います。

では、私が目指すリーダー像はクラークソンさんだけかというと、それも違います。皆にドキドキワクワクしてもらいたいと思うからです。もちろん、自分が発明や思いつきに没頭したいのですが、それでは誰もついてきません。

おそらく私の場合は、お祭り好きのメンバーにとってはよいリーダーですが、「もっと慎重にやりましょう」「まだ前の仕事が終わってないのに、新たにこれをやるんですか」という人たちにとっては、とんでもないリーダーだと思います。

すべてを満たせるリーダーはいない

少し違った角度からも見てみましょう。理想のリーダーとはどんな人物でしょうか。その答えとして、次のような項目が挙げられます。どの項目も、理想のリーダーならできていることのように思われますが、なかでもどれがいちばん重要でしょうか。

・変革できる
・人の話をよく聞く
・先が読める
・人の先頭に立って模範を示す
・ビッグピクチャーを描ける
・人望がある
・思い切った意思決定ができる
・人の痛みがわかる
・実行力がある
・細部にまでこだわる
・過去にとらわれない
・リスクを回避できる
・最後までやりきる
など

たとえば、リーダーには実行力が求められます。何か決断をしても、それが机上の空論のままなら、意味がないからです。いくら優れた戦略を立てても、実際の行動に落とし込めなければ、何もしていないのと同じです。

また、ビジョンを掲げたり、ビッグピクチャーを描いたりすることも、リーダーの重要な役割です。５年後あるいは10年後にいまの組織がどうなっているかを見通せない人についていくのは不安です。

人の話をよく聞くことも、リーダーに求められる要件でしょう。イエスマンだけを自分のまわりにはべらせていたら、組織はおかしくなってしまいます。面と向かって自分の意見を言える人も重用すべきです。

さて、こうして要件を見ていくと、「同時に満たせないもの」も多数あることに気づくのではないでしょうか。

たとえば、ビッグピクチャーを描くことと、細部にまでこだわることは、ある意味、正反対の要件です。また、人の話をよく聞くようにすれば、過去にとらわれないわけにはいかなくなるでしょう。思い切った意思決定のなかには、人の痛みを考えると下せない決断もあります。

となると、リーダーはこうあるべきだという要件をすべて満たせる人はほぼいないといってよいでしょう。

変わる理想の上司

置かれた状況によっても、リーダーに求められる要件は違ってきます。産業能率大学が毎年、新入社員を対象におこなっている調査を見てみましょう。この調査から、おもしろいことがわかります。

有名人のなかから「理想の上司」を選ぶ同調査では、２０１９年（令和元年）に就職して社会人になった新入社員の理想の男性上司の第1位は、お笑いタレントの内村光良さん、理想の女性上司の第1位は、日本テレビのアナウンサー、水卜麻美さんでした（図表1―1）。内村さんは2年連続、水卜さんは2年ぶりに第1位に返り咲いたかたちです。

その年の新入社員がそれぞれふたりを選んだ理由は次のとおりです。

内村さんを選んだ理由

・いつも笑顔で職場の雰囲気が明るくなりそう（23歳・女性）

図表1－1　新入社員の理想の上司(令和元年)

順位	理想の男性上司		(昨年順位)	順位	理想の女性上司		(昨年順位)
1	内村 光良	39票	(1)	1	水卜 麻美	39票	(2)
2	大泉 洋★	29票	(45)	2	有働 由美子★	23票	(12)
3	櫻井 翔	18票	(6)	3	天海 祐希	22票	(1)
	イチロー		(11)	4	渡辺 直美	18票	(3)
5	みやぞん★	16票	(－)	5	吉田 沙保里	17票	(8)
6	林 修	15票	(2)	6	石原 さとみ	16票	(4)
	ムロツヨシ		(5)		吉田 羊★		(12)
8	マツコ・デラックス	14票	(4)	8	イモトアヤコ	15票	(4)
9	松本 人志	12票	(8)	9	新垣 結衣	13票	(9)
10	阿部 寛	11票	(18)		いとうあさこ		(15)
	桝 太一★		(18)		北川 景子		(15)

※敬省略、(－)＝昨年得票なし、★＝初めてのトップ10入り

(出所) 学校法人産業能率大学

・基本的に温厚で人当たりがよさそう。対等の立場で接してくれそう（24歳・男性）
・常に一歩引いた姿勢で周囲を見守っている感じがあるから（22歳・女性）

水トさんを選んだ理由

・優しい印象はあるが、公私を分けて行動を指示してくれそう（20歳・男性）
・ユーモアにあふれており、指摘するところはしっかりしてくれそうだから（23歳・女性）
・甘やかさず、叱ってくれそうだから（23歳・男性）

人柄がよく親しみやすい、加えて必要なときはアドバイスをしてくれる。そんな上司なら、現場の士気も高まり、業績はあがるでしょう。

しかし、本当にそうでしょうか。それだけでは業績や成果と結びつかないことも多いと思います。会社側からすれば、多少厳しくても、しっかりと結果を出してくれる人のほうが信頼できます。やはり、新入社員や部下から見た理想の上司と、上役から見た理想のリーダーは違います。

実は産業能率大学では、この調査を過去20年ぐらいずっとやっています。それぞれの年の第1位を見てみましょう。図表1―2と図表1―3は、1998年から2018年までの理想の上司の変遷です。これを見ると、それぞれの時代を反映していることがわかります。

単年ではなく5～10年の少し大きなトレンドで見ると、その時代に求められるリーダー像が見えてきます。理想の男性上司の変遷を見てみましょう。

1990年後半から2000年前半までは、バブルが崩壊し、改革しないと生き残れない大変な時代でした。そうした厳しい時代だからこそ、野村克也監督や星野仙一監督のような組織変革型のリーダーが選ばれたのでしょう。

2009年以降になると、イチローさんや池上彰さんといったプロフェッショナル、あるいはスキルを持った人たちが選ばれています。この人についていけば大丈夫、といったタイプの人たちではないでしょうか。所ジョージさんの人気がずっと根強いのは、新入社員にとって親しみやすい存在だからでしょう。

ここから2つのことがいえます。

図表Ⅰ−2　理想の男性上司の変遷（1998年〜2018年）

	1位	2位	3位
1998年（平成10年）	長塚 京三	野村 克也	長嶋 茂雄
1999年（平成11年）	野村 克也	北野 武、長嶋 茂雄	
2000年（平成12年）	所 ジョージ	北野 武	長嶋 茂雄
2001年（平成13年）	北野 武	所 ジョージ	長嶋 茂雄
2002年（平成14年）	星野 仙一	所 ジョージ	北野 武
2003年（平成15年）	北野 武	所 ジョージ	星野 仙一
2004年（平成16年）	星野 仙一	所 ジョージ	北野 武
2005年（平成17年）	古田 敦也	所 ジョージ	星野 仙一
2006年（平成18年）	古田 敦也	イチロー	所 ジョージ
2007年（平成19年）	所 ジョージ	古田 敦也	星野 仙一
2008年（平成20年）	所 ジョージ	星野 仙一	イチロー
2009年（平成21年）	イチロー	原 辰徳	所 ジョージ
2010年（平成22年）	イチロー	島田 紳助	原 辰徳
2011年（平成23年）	池上 彰	所 ジョージ	堤 真一★
2012年（平成24年）	橋下 徹	池上 彰	イチロー
2013年（平成25年）	イチロー	池上 彰	長谷部 誠
2014年（平成26年）	堺 雅人	池上 彰	イチロー
2015年（平成27年）	松岡 修造	池上 彰	イチロー
2016年（平成28年）	松岡 修造	マツコ・デラックス	阿部 寛
2017年（平成29年）	松岡 修造	マツコ・デラックス	イチロー
2018年（平成30年）	内村 光良	林 修	松岡 修造

※敬省略、★＝同票３位あり

（出所）学校法人産業能率大学

図表Ⅰ−3 理想の女性上司の変遷(1998年〜2018年)

	1位	2位	3位
1998年(平成10年)	鈴木 京香	山口 智子	高島 礼子
1999年(平成11年)	山口 智子	松嶋 菜々子	和田 アキ子
2000年(平成12年)	江角 マキコ	山口 智子	松嶋 菜々子
2001年(平成13年)	田中 真紀子	黒木 瞳	松嶋 菜々子
2002年(平成14年)	黒木 瞳	和田 アキ子	田中 真紀子★
2003年(平成15年)	黒木 瞳	松嶋 菜々子	和田 アキ子
2004年(平成16年)	黒木 瞳	久本 雅美	松嶋 菜々子
2005年(平成17年)	黒木 瞳	久本 雅美	和田 アキ子
2006年(平成18年)	黒木 瞳	天海 祐希	篠原 涼子
2007年(平成19年)	篠原 涼子	黒木 瞳	真矢 みき
2008年(平成20年)	篠原 涼子	真矢 みき	和田 アキ子
2009年(平成21年)	真矢 みき	篠原 涼子	天海 祐希★
2010年(平成22年)	天海 祐希	真矢 みき	江角 マキコ
2011年(平成23年)	天海 祐希	真矢 みき	江角 マキコ
2012年(平成24年)	天海 祐希	江角 マキコ	澤 穂希
2013年(平成25年)	天海 祐希	江角 マキコ	真矢 みき
2014年(平成26年)	天海 祐希	江角 マキコ	篠原 涼子
2015年(平成27年)	天海 祐希	ベッキー	水卜 麻美
2016年(平成28年)	天海 祐希	水卜 麻美	澤 穂希
2017年(平成29年)	水卜 麻美	吉田 沙保里	天海 祐希
2018年(平成30年)	天海 祐希	水卜 麻美	渡辺 直美

※敬省略、★=同票3位あり

(出所)学校法人産業能率大学

・理想のリーダーは、選ぶ人によって変わる
・理想のリーダーは、時代とともに変わる

さらに、企業や組織が置かれた状況や、直面している課題、それぞれの立ち位置によっても、そこで求められるリーダーシップは異なります。以下では、次の３つの場合について見ていきましょう。

・事業の発展段階によって異なる
・置かれた状況や直面している課題によって異なる
・同じ業界でも企業によって異なる

事業の発展段階によって異なる――ＢＣＧダイヤモンド

図表１―４は、ボストンコンサルティンググループの「ＢＣＧダイヤモンド」です。ＢＣＧダイヤモンドでは、事業の成長ステージを次の４つに分け、それぞれのス

図表Ⅰ-4 BCGダイヤモンド

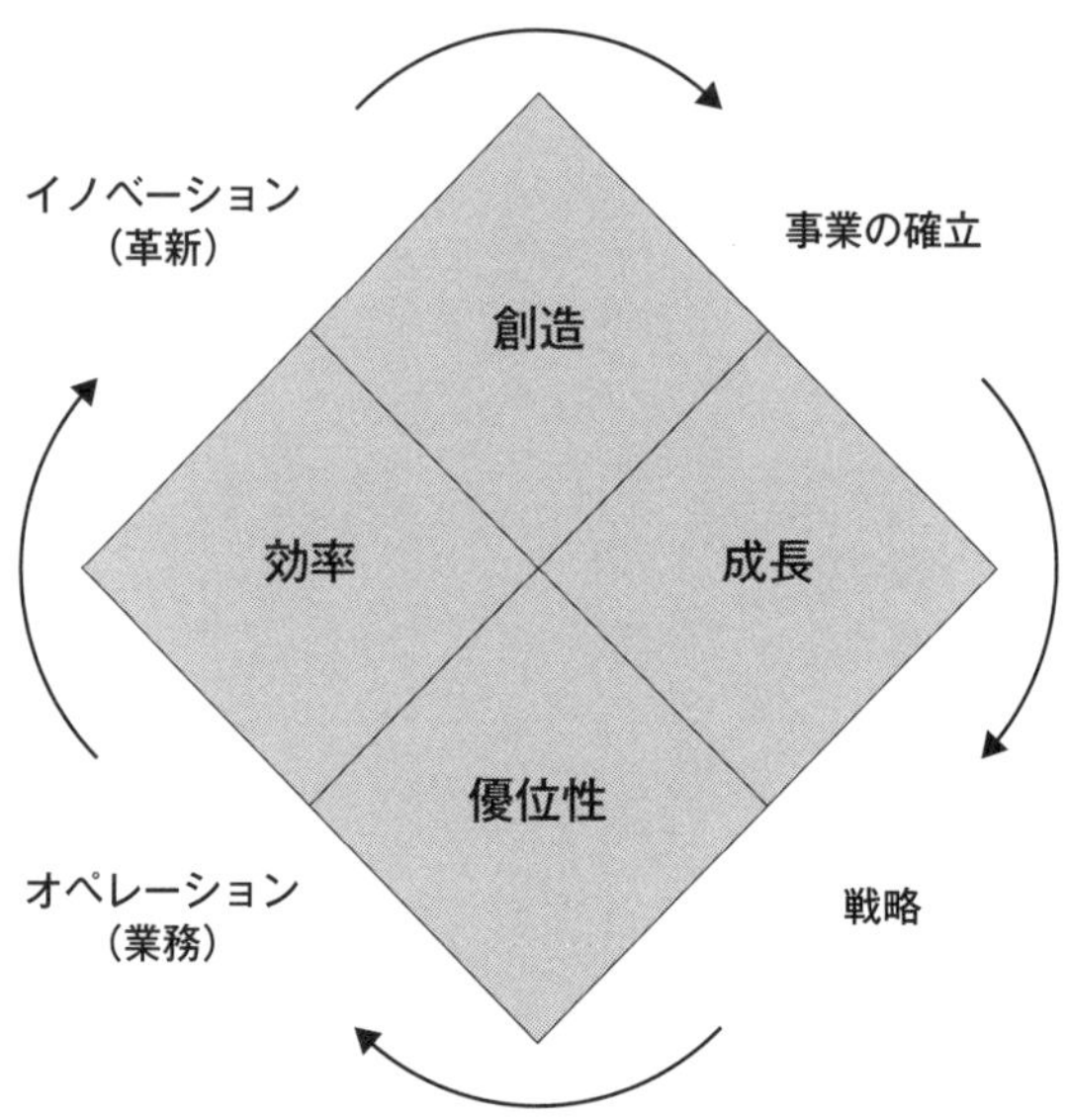

(出所) ボストンコンサルティンググループ

テージごとに必要となる戦略をまとめています。

・創造ステージ
・成長ステージ
・優位性ステージ
・効率性ステージ

「創造ステージ」は、アイデアが生まれ、それが事業として確立していく段階です。ここでは、いかにしてビジネスを組み立てるか（事業化）がカギとなります。

そして、確立した事業をより大きく発展させていく。この段階が「成長ステージ」です。成長ステージでは、事業規模の拡大に応じて組織構造や社内の仕組みを進化させ、事業を成長軌道に乗せていくことが求められます。

しかし、事業が大きく成長する、あるいはビジネスや市場が発展して拡大していくと、競争相手が現れます。彼らとどう差異化して戦うのか。「優位性ステージ」では、優位性を築くことが求められます。

そうして優位性を確立できれば、外部環境が変化しない限り、収益をあげ続けることができます。オペレーションを磨き上げ、より効率的に稼げるようにするのが「効率ステージ」です。

しかし、効率の追求もいきつくところまでいくと、事業は成熟化します。放っておけば、衰退していくでしょう。そのため、イノベーションを起こして、もう一度「創造ステージ」に立つことが求められます。

そのとき、どんなリーダーが必要とされるか

このように、創造ステージから、成長ステージ、優位性ステージ、効率ステージへと進み、再び創造ステージを目指す。事業をぐるぐる回していくのが、ＢＣＧダイヤモンドのエッセンスです。

そして、このＢＣＧダイヤモンドからは、それぞれのステージごとに「どんなリーダーが必要とされるか」を導き出すことができます。

・創造ステージ………アントレプレナー（起業家）
・成長ステージ………マーケター
・優位性ステージ……ストラテジスト（戦略家）
・効率ステージ………マネジャー

　創造ステージでは「アントレプレナー（起業家）」の存在が不可欠です。起業家の存在を抜きにして、新しいビジネスをつくり出したり、新しい事業を組み立てたりすることはできません。そして、いかに事業を大きく発展させるかが求められる成長ステージでは「マーケター」の手腕が問われます。

　競合と戦う優位性ステージではどうでしょうか。この局面では、競争相手と差異化するための戦略をつくることができる「ストラテジスト（戦略家）」の存在が不可欠です。その後、事業やオペレーションを磨き上げる効率ステージでは、優秀な「マネジャー」が必要となるでしょう。

　これをまとめたのが、図表１―５です。ステージごとに、どんな事業目標が必要で、その目標を達成するためにはどんなリーダーシップが必要とされるかが整理され

図表Ⅰ－5　企業の発展段階に応じてリーダーに求められるものが異なる

	段　階			
	創　造	成　長	優位性	効　率
志　向	外　界	市　場	競　合	内　部
目　標	新しい機会の発見	事業の実現化	競合上の地位の獲得・強化	オペレーションの効率化
要求される能力	起業家	マーケター	戦略家	マネジャー
判断基準	新事業の創出	成長の達成	相対的地位	投資効率
転換のための手段	→ 事業化 → 戦略 → オペレーション →			

（出所）ボストンコンサルティンググループ

ています。

これを見れば、その事業がどのステージにあるのかによって、求められるリーダーシップが異なること、変化することがわかります。「企業の寿命は30年」とよくいわれますが、その30年間のあいだには、求められるスキルもリーダーシップも変化していくのです。

もしひとりのオーナー経営者がずっと続けるなかで、その事業がうまく発展してきたとしたら、それは、その経営者が、ステージごとに必要となるスキルを身につけていったからでしょう。

スティーブ・ジョブズさんが自ら創業したアップルから追い出された話は有名ですが、この図表を使えば、その理由も明快です。創業者であるジョブズさんは、優秀な起業家でありマーケターでしたが、ストラテジストやマネジャーではなかったのです。コンパックやヒューレット・パッカードなどの競合相手と戦ったり、社内の業務を効率化したりすることについては、まったく眼中にありませんでした。

そのため、自ら創業したアップルを追い出されてしまうわけですが、ＢＣＧダイヤモンドが一回りして「もうパソコンではダメだ。何か次のイノベーションがないと生き残れない」という局面になったとき、ジョブズさんは再びアップルに戻ってきます。「ｉＰｈｏｎｅ」につながる「ｉＰｏｄ」という革新が生まれ、アップルは再び躍進しはじめました。

さらに言えば、ジョブズさんは自身の欠点に気づいていたのかもしれません。最も苦手なオペレーションは、それを得意とするティム・クックさんに任せました。クックさんはジョブズさん引退後、ＣＥＯに就任します。

したがって、重要なことは、ジョブズさんがリーダーとして優れているかどうかではありません。それよりも、組織や事業の発展段階によってどのようなリーダーシップが必要となるかを理解しておくことです。

いま皆さんが取り組んでいる事業は、ＢＣＧダイヤモンドのどの段階にあるでしょうか。また、そのステージで求められるリーダーシップはどのようなものでしょうか。

なお、ここで注目しているのは「事業」であり、「企業」や「組織」ではない点には注意してください。あなたの勤めている会社が伝統的企業でも、いまあなたの担っている事業が新規事業なら、効率性ステージではなく創造ステージにいることになります。

置かれた状況によって異なる

ＢＣＧダイヤモンドからも、リーダーシップに正解（シングル・アンサー）はないことがわかりました。さらに具体的な事例を見ていきましょう。たとえば、企業や組織が次のような状況にあったとします。そのとき、どんなリーダーシップが求められるでしょうか。

- 倒産寸前の企業
- 不祥事を起こして、世間の信用を失った企業
- 高成長を続けてきたが、業績に急ブレーキがかかった企業
- 長期にわたり業績不振に陥っている企業
- オーナー企業
- 財閥系企業

「倒産寸前の企業」に必要なリーダーといったときにまず思い浮かぶのは、日産自動車を再建したカルロス・ゴーンさんや、日本航空を再生させた稲盛和夫さんなど、外部から招聘された経営者、いわゆる再建のプロです。リーダーに求められるのは、過去のしがらみを断ち切って、事業や組織を生まれ変わらせることができるかどうかです。

「不祥事を起こして、世間の信用を失った企業」の場合も同じです。しかし、この場合は、社内の立て直しだけでなく、外向きの改革も必要となります。新たな組織に生まれ変わったというメッセージを、社外にも発信しなければならないからです。オリンパスや東京電力、東芝などの事例がこれにあたります。

「高成長を続けてきたが、業績に急ブレーキがかかった企業」の場合はどうでしょうか。この場合の打ち手は、社内改革（内科療法）だけで事業を立て直せるか、外科手術も必要かの2つに分かれます。いろいろ投資をしてきたが、業績に結びつかず、失速してしまった場合でも、ビジネスモデルに問題がなければ、社内の業務やオペレーションを見直すことで事業を立て直せるでしょう。

しかし、ビジネスモデルそのものに問題が生じた場合は異なります。たとえば、ゲーム専用機メーカーである任天堂にとって、スマホゲームというこれまでなかった新しい競争相手が出現したような状況です。こうなると一般的には外科手術も必要となります。

外科手術が必要なのは、「長期にわたり業績不振に陥っている企業」も同じです。かつてＩＢＭは、ルイス・ガースナーさんという経営のプロの力で構造改革を成し遂げました。

では、「オーナー企業」の場合はどうでしょうか。オーナー経営者の場合は、本人が自覚していなくてもワンマン経営になりがちです。うまくいっているときはワンマンでもよいのですが、そうでない場合は問題です。社内からは、改革できる人がなかなか出てきません。オーナーが自ら自己否定して改革するか、オーナーに直言できる人に社外から来てもらう必要があります。

最後は「財閥系企業」です。日本を代表する企業も多く、歴史もある財閥系企業では知的レベルの高い優秀な社員が集まっているため、さまざまな部門の意見を聞いたり、これまでの仕事の進め方を尊重したりする必要があります。社長といえども一人で物事を決められず、社外からは、問題を先送りしているように見られます。財閥系企業の改革には、異端児の存在が欠かせません。財閥系企業ではありませんが、富士フイルムの事業構造改革をおこなった古森重隆さんが、これに当てはまります。

直面する課題によって異なる――同じ業界でも企業によって違う

同じ業界の企業でも、その企業が持つ文化や風土、置かれた状況、直面する課題によって、必要とされるリーダーシップが異なります。

たとえば、ソニーは、イノベーションが重視される組織です。同社では自由闊達であることが最も重要な遺伝子で、それを壊してはなりません。当然、リーダーにもそうした組織づくりが求められます。

一方、同じ電機メーカーでもパナソニックは、事業部制が非常に強かった会社です。今後も事業部制を継続するかどうかが大きな課題になってくるでしょう。事業部制の組織には、責任の所在が明確になるというメリットがありますが、一方で、タコつぼ化した縦割り組織になりがちで、事業部の壁を越えた新しいサービスが生まれにくいというデメリットがあります。もちろん、そうした問題をどう解決していけばよいかがリーダーには求められます。

自動車メーカーではどうでしょうか。たとえば、トヨタ自動車は、非常にオペレーションに長けた会社です。そうした会社では、単にビジョンや方針を唱えただけでは、なかなか人が動きません。生産や販売などの現場に根づいたリーダーシップを発揮できる人でなければ、リーダーは務まらないでしょう。

一方、ホンダは大変ユニークな会社です。通常の会社なら5年後や10年後のあるべき姿を議論するのでしょうが、ホンダでは「あるべき姿」という言葉は使いません。同社が追求するのは「ありたい姿」です。自分たちはこうありたい、こうしたいということを議論するのです。そうしたカルチャーを理解しないと、同社でリーダーシップを発揮することはできないでしょう。

また、同じ企業でも、時代が変われば課題が変わり、必要とされるリーダーシップも変わってくることがあります。

たとえば、年間生産台数が936万台という史上最高の生産台数を誇っていた２００７年のトヨタが当時、抱えていた課題は「自分たちには800万台程度の生産能力しかない。どうすれば、品質を維持しながら1000万台つくる力を持てるか」

でした。

この課題を解決するために生産ラインを拡大していくわけですが、２００８年にリーマン・ショックが起こると急にアメリカでクルマが売れなくなり、一気に生産過剰となってしまいます。さらにリコール問題が起きると（後に濡れ衣だったことがわかりますが）、生産以前の問題、すなわち、ブランドをどう立て直すかが課題となりました。

そしていま、自動車産業は大変革期にあります。グーグルやアップルなど異業種の企業とも戦わなければいけない状況を迎えるなかで、必要とされるリーダーシップも当然、変わってきます。

数年のあいだにこれだけ経営課題が変われば、同じトヨタという会社のなかでも、前向きな人がいいのか、手堅い人がいいのか、技術に精通した者がいいのか、あるいは新興国市場に精通した者がいいのかというふうに、必要とされるリーダー像も変わってきます。

どの時代にも、そしてどの企業にも通用する万能のリーダーシップ（シングル・アンサー）はないのです。

リーダーシップのジレンマ

事業の発展段階によって、あるいは企業や組織の置かれた状況によって、そして、置かれた状況が同じでも直面する課題によって、必要とされるリーダーシップがそれぞれ異なることを見てきました。

リーダーシップに正解はなく、そこには必ずズレがあります。このズレを私は「リーダーシップのジレンマ」と呼んでいます（図表1―6）。したがって、いま組織でどのようなリーダーシップが必要とされているのかを把握しておくことが重要です。そのうえで、自分が得意とするリーダーシップとの違いを理解して「どう戦うのか」を考える必要があります。

続く第2章と第3章で、この点についてくわしく見ていきます。

図表1-6 リーダーシップのジレンマ

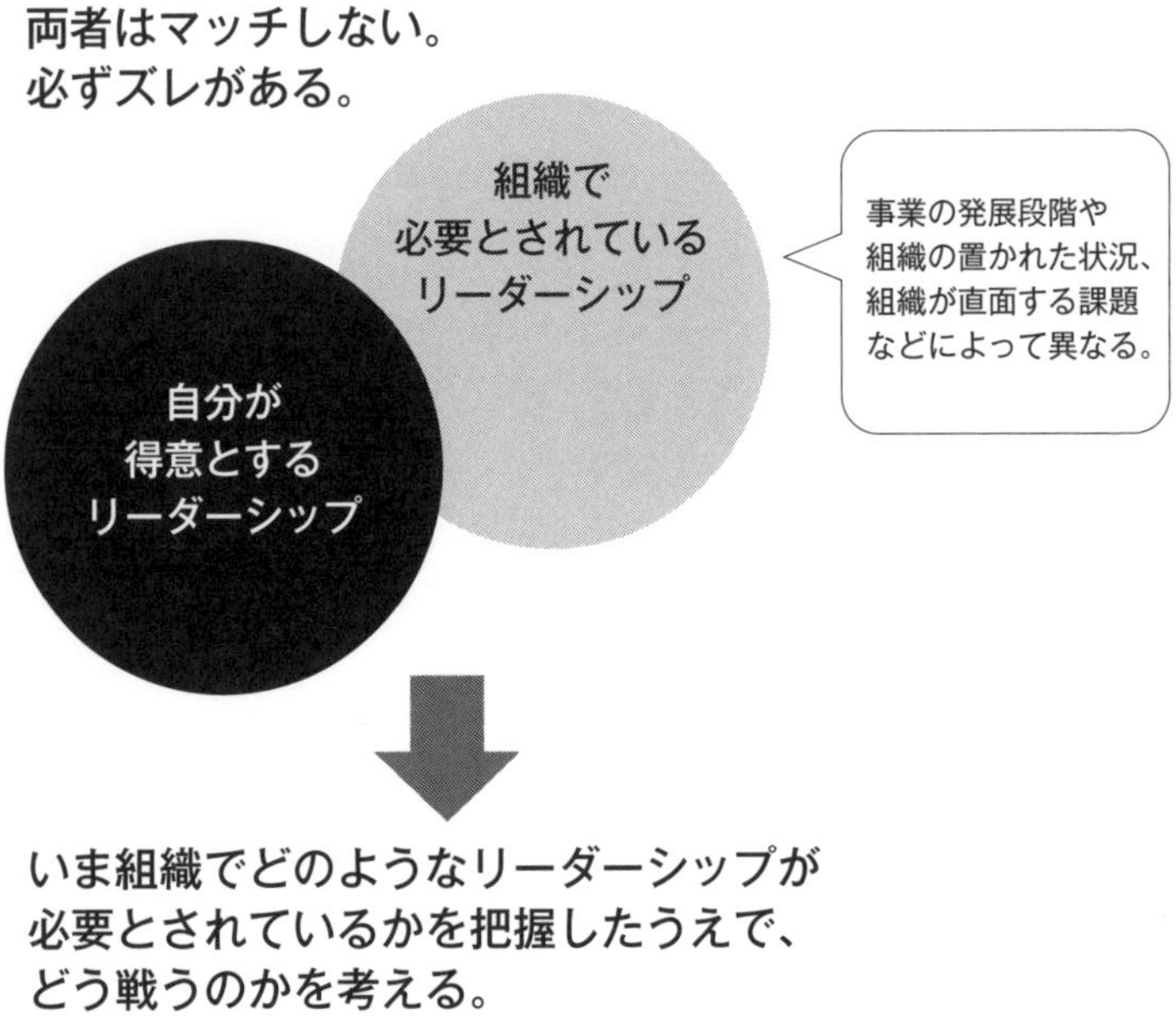

両者はマッチしない。
必ずズレがある。

組織で
必要とされている
リーダーシップ

事業の発展段階や
組織の置かれた状況、
組織が直面する課題
などによって異なる。

自分が
得意とする
リーダーシップ

いま組織でどのようなリーダーシップが
必要とされているかを把握したうえで、
どう戦うのかを考える。

本章のまとめ

・リーダーシップに正解はない。
・事業の発展段階や組織が置かれている状況、直面している課題によって、必要とされるリーダーシップは異なる。
・一方で、すべての要件を満たせる万能のリーダーはいない。
・自分の得意技と、組織が必要とするもののあいだには必ずギャップがある。
・このジレンマを乗り越えるには、自分の得意な戦い方を見出しておく必要がある。

第2章

できることと、できないことを区別する

あなたならどうする？

あなたは、ある食品メーカーのマーケティング部門で、ある商品の責任者（リーダー）に命じられたとします。その部門や商品、そして、あなたを取り巻く状況は次のとおりです。あなたなら、どんな手を打ちますか。

- **今年に入ってから業績不振で、売上低迷が続いている**
- **最近、競合が新製品を出してきた**
- **昨年までは毎月２桁成長を続けていた**
- **若手中心の12名のメンバーは皆、能力もやる気も高い**
- **あなたは同部門の生え抜きメンバーのひとりで、社長からの信頼も厚い**

上司から信頼されているなら、好きなようにやらせてもらえそうです。部下たちが皆、若くてやる気があり、成功体験を持っているなら、細かな指示を出すより自主性に任せたほうがうまくいくでしょう。

まずは、売上低迷が続いている原因を究明し、何が悪いのかがわかったら、手を打つべきです。新商品を出す、あるいはマーケティングのやり方を変える、チャネルを変える、広告を打つ、パッケージを変えるなど手法はさまざまですが、比較的じっくり、時間をかけて取り組むことができそうです。

では、次の質問です。

先の質問と同じように、あなたは責任者を命じられたとします。あなたを取り巻く環境が次のとおりだったら、あなたはリーダーとしてどんな手を打ちますか。最初の2つ目までは、先に挙げたケースと同じです。

・今年に入ってから業績不振で、売上低迷が続いている
・最近、競合が新製品を出してきた
・昨年も、売り上げが前年同月を下回る日が多かった
・12名のメンバーはベテランと若手が半々。若手には能力の高い者もいるが、

特にベテランでやる気のないメンバーが多い

・あなたは昨年入社したばかりで、組織内に地盤はない

事業そのものが会社の「問題児」で、いよいよ切羽詰まってきた状態です。しがらみのある社内人材では解決できないので、優秀な人を外部から採用して思い切って改革してもらおうという状況かもしれません。

であれば、じっくり時間をかけて取り組んでいる場合ではありません。それでは悠長すぎると思われてしまうでしょう。リストラをする、あるいは商品を廃番にする、マーケティング手法を根本から変えるなど、何か思い切った手を打つべきです。

とはいえ、打ち手は限られています。そのなかで最も成功する確率の高い手を打つべきでしょう。成果があがらないと「やっぱりダメか。せっかく高いお金を払って雇ったのに」と言われてしまうおそれもあります。プロ野球でいえば、トレードで入ってきた選手が5試合連続でノーヒットだったり、3試合連続でノックアウトされてしまったりするような状況です。

そうならないためにも、すばやく成果をあげる必要があります。場合によっては、

本丸とは関係ない、ちょっとしたことでもいいので「なかなか、やるじゃないか」と思われるもの、いわゆるクイックヒットを見せることも重要です。

「環境」と「打ち手」を混同しない

この事例からどんなことがわかりますか。

ひとつは、どんな状況にも、どんなタイプの人にも共通する「正解」はない、ということ。もうひとつは、「自分の力でコントロールできること」と「できないこと」があるということです。

次に挙げる2つは必ず、それぞれ区別してとらえるようにしましょう。決して両者を混同してはなりません。

- **どんな環境にあるか（環境要因）**……自分の力ではコントロールできない
- **どんな打ち手があるか（戦略変数）**……自分の力でコントロールできる

どんな環境にあるかは、自分の力でコントロールすることができません。これを「環境要因」と呼びます。組織におけるこれまでの業績や人材の質などが、これにあたります。その組織が置かれている状況、そして、その組織のなかであなたが置かれている状況そのものは、自分の力でコントロールすることができません。

一方で、どんな打ち手があるか。これは、リーダーが自分の力でコントロールすることができることです。

これを「戦略変数」と呼びます。たとえば、人員を投入して事業を拡大する、あるいは縮小する、撤退するといったものから、マーケティングやオペレーションを根本から見直す、プロジェクトに優先順位をつける、他者と協業するなどのオプションがあります。

一見すると当たり前のように思われますが、この2つは決して混同してはいけません。混同すると、適切な手を打てなくなってしまうからです（図表2―1）。

実は、プライベートでも、両者を区別して考えられない人がいます。

たとえば、自宅が勤務先から遠いとしましょう。遠いなら引っ越せばよいのですが、経済的な事情などで引っ越しできないとします。

図表2−1　できることと、できないことを混同するな

コントロールできない		コントロールできる
どんな環境にあるか（環境要因）		どんな打ち手があるか（戦略変数）
例）自宅が勤務先から遠い		例）早めに自宅を出る
・業界全体が伸びている ・売上低迷が続いている ・メンバーは皆、やる気も能力もある ・競合が新製品を出してきた ・権限が委譲されてない ・社長からの信頼も厚い など		・人員を投入して事業を拡大する ・事業を縮小、あるいは撤退する ・オペレーションを根本から見直す ・選択と集中を進める ・投資案件の優先順位を変える ・他社と協業する など

であれば、自宅が勤務先から遠いという環境のなかでどうするか、何ができるかを考えるべきです。自宅が勤務先から遠いことを「環境要因」として割り切るのです。しかし、自宅が遠いことをいつまでも愚痴ったり、遅刻したことをそのせいにしたりしていないでしょうか。

さらには、環境要因そのものを見誤る、あるいは自分の力でなんとかなる問題まで環境要因だと思ってしまうなどといった場合もあるので十分に注意してください。環境要因を見誤ると、その後に立てた戦略（打ち手）も間違えてしまいます。

もちろん、戦略変数のなかにも、できることとできないことがあります。たとえば、社員を解雇することができないなどです。しかし、解雇することはできないかもしれませんが、配置転換ならできるかもしれません。

4つの環境要因——自分の力ではコントロールできないもの

では、環境要因と戦略変数をくわしく見ていきます。

環境要因は次の4つです。

❶組織が置かれた状況
❷組織の癖
❸自分が置かれた状況（組織のなかの自分のポジション）
❹自分の特性

❶組織が置かれた状況

この章の冒頭で挙げた事例を思い出してください。どちらも、今年に入ってから業績不振で売上低迷が続いている。そうしたなかで、競合が新製品を出してきた状態にありました。いずれも、自分の力でコントロールできることではありません。

組織が置かれた状況には、次のようなものがあります。

- **成熟企業か、成長企業か**
- **長期的な業績不振企業か、一時的な業績不振企業か**
- **会社のなかで稼ぎ頭の事業か、お荷物とされている事業か**

・成功企業の不振事業か、不振企業の本業か
・期待されている新規事業か、失敗した新規事業か
・誰がやっても成功しそうな事業か、困難な事業か

組織ですから、「成長段階」にあるものも「成熟段階」にあるものもあります。これは環境要因です。成長段階であれば、思い切ったチャレンジをすることも可能です。新しいことに挑戦したい人や、世の中を変えたい人には、成熟企業より成長企業のほうが合うでしょう。

しかし、成長段階で成果を出すのは誰にでもできる、という考え方もあります。それよりも、大鉈を振るう改革に挑戦したいなら、成熟企業のほうがよいでしょう。苦境に身を置くことで自分自身を成長させることもできます。

攻めと守りのどちらが得意かにもよります。成熟企業では、攻めよりも守りを必要とする場面のほうが多いでしょう。しかし、自分は守りのほうが得意なので守りのつもりでいたら、上司から期待されていたのは攻めだったということもあるので注意が必要です。

「長期的な業績不振」の状況にあるか「一時的な業績不振」かも、環境要因です。業界全体が低迷するなかで長期的な業績不振に陥っているなら、抜本的な改革が必要でしょう。一方、楽天やユニクロのように、成長段階にあるが、一時的に利益が大きく減ったり成長が鈍ったりしたなら、3～5年先を見据えて「いま何をすべきか」にフォーカスすべきです。再び大きく飛躍するために、いったん屈む時期なのです。研究開発に取り組む、あるいはオペレーションやコスト構造を見直すといった中長期的な視点の打ち手が必要です。

企業ではなく、事業についても考えてみましょう。

その事業が社内の「稼ぎ頭」か「お荷物」かも、環境要因です。前者なら、自由に使えるお金もたくさんあり、さまざまな打ち手が考えられますが、後者はそうはいきません。撤退も視野に入れた決断が必要です。BCGが開発した事業ポートフォリオを検討するためのフレームワーク、PPM（プロダクト・ポートフォリオ・マネジメント）では、前者を「金のなる木」、後者を「負け犬」と呼んでいます。

その事業が「成功企業における不振事業」か、あるいは「不振企業における本業」かによっても打ち手は変わります。言葉遊びのように思われるかもしれませんが、そうではありません。長期的に業績が低迷する傾向にある百貨店事業で考えてみましょう。セブン&アイグループが持つ百貨店事業と、百貨店専業企業の本業である百貨店事業とでは、それぞれ置かれた環境も打ち手も違います。

また、同じ新規事業でも、全社的な期待を背負った事業か、数年前に始めたが苦戦している事業かも、環境要因です。後者の場合は悠長に構えていられません。その事業を畳む決断が迫られることもあるでしょう。多角化した複数の事業を持つ企業では、こうしたことがよくあります。

このように、企業や事業がいまどんな状況にあるのかは環境要因です。儲かっているから、赤字だから、成功しそうだからといったことだけを見ていると、足をすくわれることもあるので注意しましょう。

❷組織の癖

それぞれの企業や組織が持つ固有の風土や文化、こうした組織が持つ癖も、自分の力ではコントロールできない環境要因です。組織の癖を理解しておかないと、教科書どおりにやったけどうまくいかなかった、などと短絡的な判断をしてしまうおそれがあるので注意が必要です。特に、ずっと同じ会社にいる人にとっては、それが当たり前だと思い込んでしまっている可能性があります。

たとえば、サントリー社長の新浪剛史さんが、かつてローソンの社長に就任したとき、「業界のリーダー企業であるセブンイレブンの真似をして追いつこう」と社員たちに言ったら、皆しらけていたそうです。セブンイレブンに勝つつもりもなければ、勝てるとも思っていない人たちに向かってそう言っても刺さらないでしょう。

しかし、それに気づいて、「セブンイレブンができないことをやろう」「正面からぶつかるのではなく、自分たちの戦い方を考えよう」と言ったら、今度は皆が目を輝かせてアイデアを出すようになったそうです。その一例が、有名な高級おにぎりプロジェクトです。これまで100円どまりだったおにぎりを168円で売り出し、大成功をおさめました。組織の癖を見抜いたからこそ、こうした方向転換ができたといえます。

組織の癖には、次のようなものが挙げられます。

- **加点主義か、減点主義か**
- **実力主義か、年功序列か**
- **多重意思決定構造か、単純意思決定構造か**
- **オーナー企業か、財閥系企業か**
- **イノベーションを重視する組織か、オペレーションを重視する組織か**

企業のなかには「加点主義」の会社もあれば、「減点主義」の会社もあります。かつての日本企業はほとんどが後者でしたが、時代は変わりつつあります。前例を踏襲する減点主義では、過去を分析するばかりで、未来をつくれないからです。

加点主義の代表例が、サントリーの社是「やってみなはれ」です。御託を並べているばかりでは何も進まないので、まずはやってみようとチャレンジしたところ、それまで売上が低迷していたウィスキーが「ハイボール」という飲み方で復活し、若い人たちにも好まれるようになりました。

おそらくデータを分析しても、何もわからなかったでしょう。また、チャレンジのなかには失敗例もたくさんあります。「まずは、やってみよう」「失敗しても、減点されない」という企業文化があるからこそ皆がチャレンジしようとします。

反対に、減点主義（前例主義）の会社では、おもしろいからやりましょうと言った途端、「何を根拠にそんなことを言うんだ」「うまくいかなかったらどうするんだ」「誰が責任をとるんだ」といった意見が飛び交います。こうした組織の癖も、自分ひとりの力ではコントロールできない環境要因です。

「実力主義」か「年功序列」かも同じです。実力主義なら、言った者勝ち、やった者勝ちの世界ですが、年功序列の場合は、それを踏まえたうえで物事を進めないと「出る杭は打たれる」結果になってしまいます。

組織内の意思決定プロセスがシンプルかどうかも同じです。意思決定プロセスがシンプルな「単純意思決定構造」の組織であれば、権限移譲が進んでいるので、「この件はおまえに任せたぞ」と言ってもらって自由に仕事を進められます。しかし、意思決定プロセスが複雑な「多重意思決定構造」の組織では、任されたはずなのに「本部の会議にも議案としてかけるべきだ」「経営会議や取締役会議にも諮らなければならない」といった声が出てきます。

権限移譲を進めていたとしても、それがお題目だけの場合もあるので、十分な注意が必要です。こうした組織の癖に、足を引っ張られることもあります。「オーナー企業」や「財閥系企業」にも、それぞれ独特な癖があります。ソフトバンクやユニクロが典型ですが、オーナー企業は、上がやると言ったら必ずやる組織です。これに対して、財閥系企業は組織で動きます。伝統的な企業であればあるほど、新しいことを始めるときに、きちんとした分析や根拠が必要となります。こうした組織の癖も見極めておく必要があります。

余談ですが、こうした癖には、その事業に固有の「時間軸」も影響しています。たとえば、ＩＴビジネスの世界では非常に速い時間軸で物事が進んでいきます。ＬＩＮＥでは、商品開発にかける時間が平均１・５カ月だそうです。デザインも開発もすべて同時並行で進めていきます。もちろん稟議の仕組みもありません。

これに対し、発電所や鉄道などのインフラ事業や、部品点数が膨大で安全性第一の飛行機の製造は、15～20年くらい、あるいはそれ以上の時間をかけるビジネスです。こうした業界固有の時間軸も組織の癖に大きく影響してきます。生物に体内時計があるように、企業にも社内時計があるのです。

イノベーションを重視する組織か、オペレーションを重視する組織かによっても、組織の癖は異なります。たとえば、オペレーションを重視する優れた会社の典型がトヨタ自動車です。

同社では「ネジ1本について何銭コストダウンしたか」ということが組織としてすごく評価されます。年間何百億本というネジを使っているわけですから当然です。もしネジ1本あたり10銭のコストダウンができれば、会社全体で見たとき、膨大なコストダウンとなります。しかし、ＩＴ企業では違います。「電気の使い方がムダだらけです。まめに消すようにしましょう」と言ったところで、成果には結びつきません。

では、アマゾンはどうでしょうか。一見するとイノベーションを重視している組織のように思われますが、実はオペレーションがすごくしっかりしている会社です。なぜ他社がアマゾンに追随できないかといえば、物流センターなど常にオペレーションに磨きをかけているからです。ビジネスモデルが秀逸であることに安住せず、オペレーションをどんどん磨き上げてきたからこそ、アマゾンの今日があるといえます。

意外な感じがしますが、アマゾンでは、新しいアイデアを出す人材よりもオペレーションをきちんとこなせる人材が求められているのかもしれません。

❸自分が置かれた状況

組織だけではありません。その組織のなかであなたが置かれている状況も、環境要因です。本章の冒頭に挙げた2つのケースでは、「同部門の生え抜きメンバーのひとりで、社長からの信頼も厚い」場合と、「昨年中途入社したばかりで、組織内に地盤はない」場合でした。この他にも次のような状況が挙げられます。

- **経営者あるいは役員か、それとも部長、課長、平社員か**
- **これまで実績を残している人か、そうでない人か**
- **花形部署の経験者か、傍流部署の出身者か**
- **評価されている人か、あまり評価されていない人か**
- **上司からかわいがられているか、そうでないか**
- **生え抜きか、中途入社か**

経営者か、役員か、それとも部長か、課長か、平社員か。どのくらいの権限と責任を持っているかも、リーダーにとっての環境要因です。「中間管理職は上と下から挟まれて大変だから、経営者がいい」という声を耳にすることもありますが、何かあったとき、中間管理職なら上が助けてくれますが、経営者にはそれがありません。やはり経営者がいちばん大変です。大きな責任を負う一方で、それを果たすための大きな権限があるのです。

これまで実績を残している人か、そうでない人かも、環境要因です。これまでに大きな実績を残していたなら、周囲からの信頼や期待は違うはずです。他のメンバーも「この人についていけば大丈夫だ」と思ってくれるでしょう。反対に、業績を残していない人の場合は、ついていくのが不安になります。

これとよく似ているのが、花形部署の経験者か、傍流部署の出身者かです。一見すると花形部署を経験した人のほうが組織のなかで思い切ったことができそうですが、保守本流ならではのジレンマもあります。これまで成功してきたがゆえに、大胆なことができなくなってしまうのです。大胆な改革をするには、組織の傍流で暴れたことのある人のほうが、しがらみもなく、最大限に力を発揮できるでしょう。傍流であることが、そうした能力やスキルを培うための絶好の機会でもあります。

評価されている人かどうかも環境要因だといえるのでしょうか。これは「ハロー効果」です。ハロー効果とは、ある人を評価するとき、その人が持つ特徴に引きずられて、他の特徴についての評価が歪められるという現象です。たとえば、好成績であるという特徴に引きずられて、きっと彼には能力もスキルもあるに違いないと受け取ってしまう。こうして好成績の人が得をすることもあります。となれば、仕事を進めていくうえでの環境要因だといえるでしょう。

上司からかわいがられているかどうかも同じです。上司からかわいがられていれば、多少失敗しても守ってもらえますが、そうでなければ孤軍奮闘するしかありません。失敗したときに責任を押しつけられることもあります。

生え抜きか、中途入社かも同じです。生え抜きか中途入社かで状況が異なることは一見すると不公平に思えますが、いずれもその人の実力だと考えるべきでしょう。しかし、それにあぐらをかいていてはいけません。高評価の人のなかには、たまたま業界全体が好調だったので業績をあげることができただけで、実力が伴わない人もいます。

❹自分の特性

もうひとつ、意外に思われるかもしれませんが、あなた自身の特性、あなたが得意とするスタイルや方法も環境要因です。そもそも人の特性はそう簡単に変えられるものではないからです。それよりもむしろ、どんな局面であれ得意技にこだわって、生かしたほうがよいというのが本書のスタンスです。

くわしくは第3章で述べますが、たとえば、次のような項目が挙げられます。

・数字に強いか、人に強いか
・大胆か、慎重か
・未来志向か、まずは足元重視か
・結果を重視するか、プロセスを重視するか

数字に強い人もいれば、数字を扱うのは苦手だという人もいます。戦略を立てて着実にそれを実行に移していくことが求められるような場面では、数字に強い人が活躍しやすいでしょう。また、そうした得手不得手は、人に対しても同じです。「俺の背中を見ろ」と自らが先頭に立つことでチームを引っ張っていくタイプの人もいれば、人に任せるのが得意なタイプの人もいます。

いずれの特性も、簡単には変えることができないので、環境要因として考えます。大胆か慎重かも同様です。とにかく真正面からぶつかっていく人もいれば、十分にリスクを見きわめてから物事を進めようとする慎重な人もいます。これは、どちらが正しいのかという問題ではありません。未来志向か、足元重視かも同じです。

また、「結果さえあげてくれればよい。やり方は任せる」「ネズミを捕った猫がいい猫だ」という人もいれば、「結果より、どうやってそれを達成したかのほうが重要だ」という人もいます。

前者の人が営業部門のリーダーなら、今月の業績はどうだったか、見込みの訪問客は何件だったか、そのうち何件がまとまりそうかなどといった結果にこだわり、その途中であぁしろ、こうしろといった指図はしないでしょう。逆に後者の人なら、今日はどこへ行ってきたのか、相手は何と言ったのか、どういう提案をするつもりだったのかなどといったプロセスにこだわります。そうしたプロセスによって人は成長し、次につながると考えているからです。

ＰＭ理論によるリーダーのタイプ分け

大阪大学名誉教授で心理学者の三隅二不二さんによって提唱された「ＰＭ理論」を紹介しましょう。ＰＭ理論では、次の２つの軸を用いてリーダーをタイプ分けしています（図表２―２）。

・Ｐ（パフォーマンス）

・Ｍ（メンテナンス）

Ｐは、課題や目標の達成をどの程度重視しているかです。Ｐが備わっている人は、チームが目標を達成すること、すなわち結果（パフォーマンス）を重視します。

これに対し、Ｍは、チームとしてのまとまりをどの程度重視しているかです。Ｍが

図表2−2　PM 理論による4つのリーダーシップスタイル

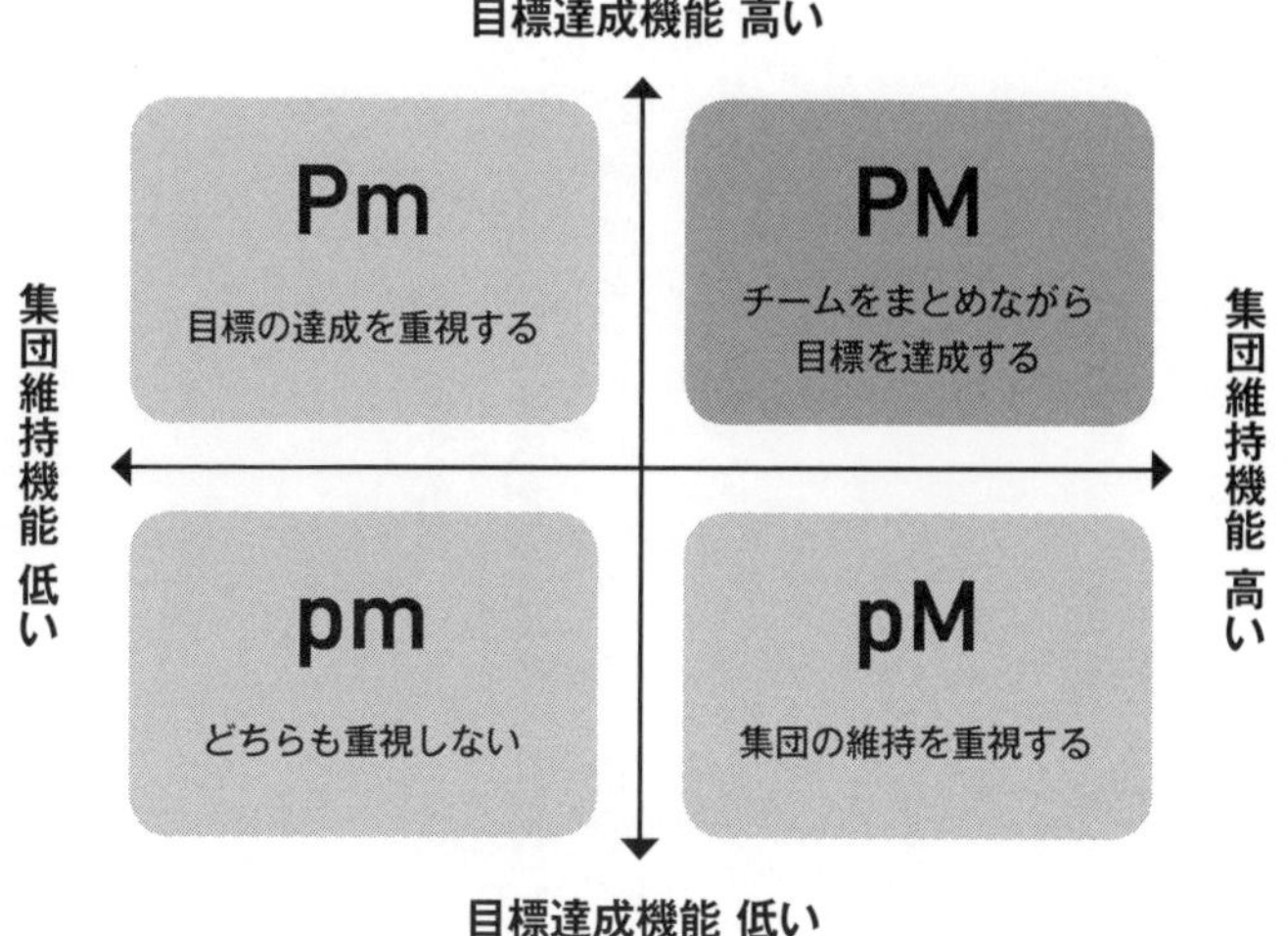

三隅二不二『リーダーシップの科学』（講談社）をもとに作成。

備わっている人は、集団を維持し、人を大切にすること（メンテナンス）を重視します。

この2軸の高低でマトリクスをつくると、リーダーは次の4つのタイプに分けられます。

・PM（どちらも重視する）
・Pm（集団を維持することより、目標の達成を重視する）
・pM（目標を達成することより、集団の維持を重視する）
・pm（どちらも重視しない）

いちばんの理想は「PM」です。結果も集団の維持も、どちらも重視します。反対にいちばんダメなのは「pm」です。人望もなければ、業績もあがらず結果が伴わないリーダーです。

そして、「Pm」は、人望はないが結果は残しているリーダー、「pM」は、人望があって人を育てるのが上手だが、業績があがらないリーダーです。

あなたは、ＰとＭのどちらを重視するタイプでしょうか。もし、どちらでもなければ、リーダーになるのはあきらめたほうがよいかもしれません。

なお、次の章では、本書独自のマトリクスでリーダーの戦い方を分類して見ていきます。このなかから、あなたが最も得意とする方法を見出し、磨き上げていってほしいと思います。

２つの戦略変数――リーダーの打ち手

さて、環境要因を特定したうえで、実際にはどんな手が打てるのか。リーダーが自ら選択して実行に移すことができる打ち手が「戦略変数」です。戦略変数には、大きく次の２つがあります（図表２―３）。

❶戦略代替案（Ｗｈａｔ）……何をするか
❷アプローチ（Ｈｏｗ）………どのように実行するか

図表2－3　リーダーの打ち手を構成する2つの要素

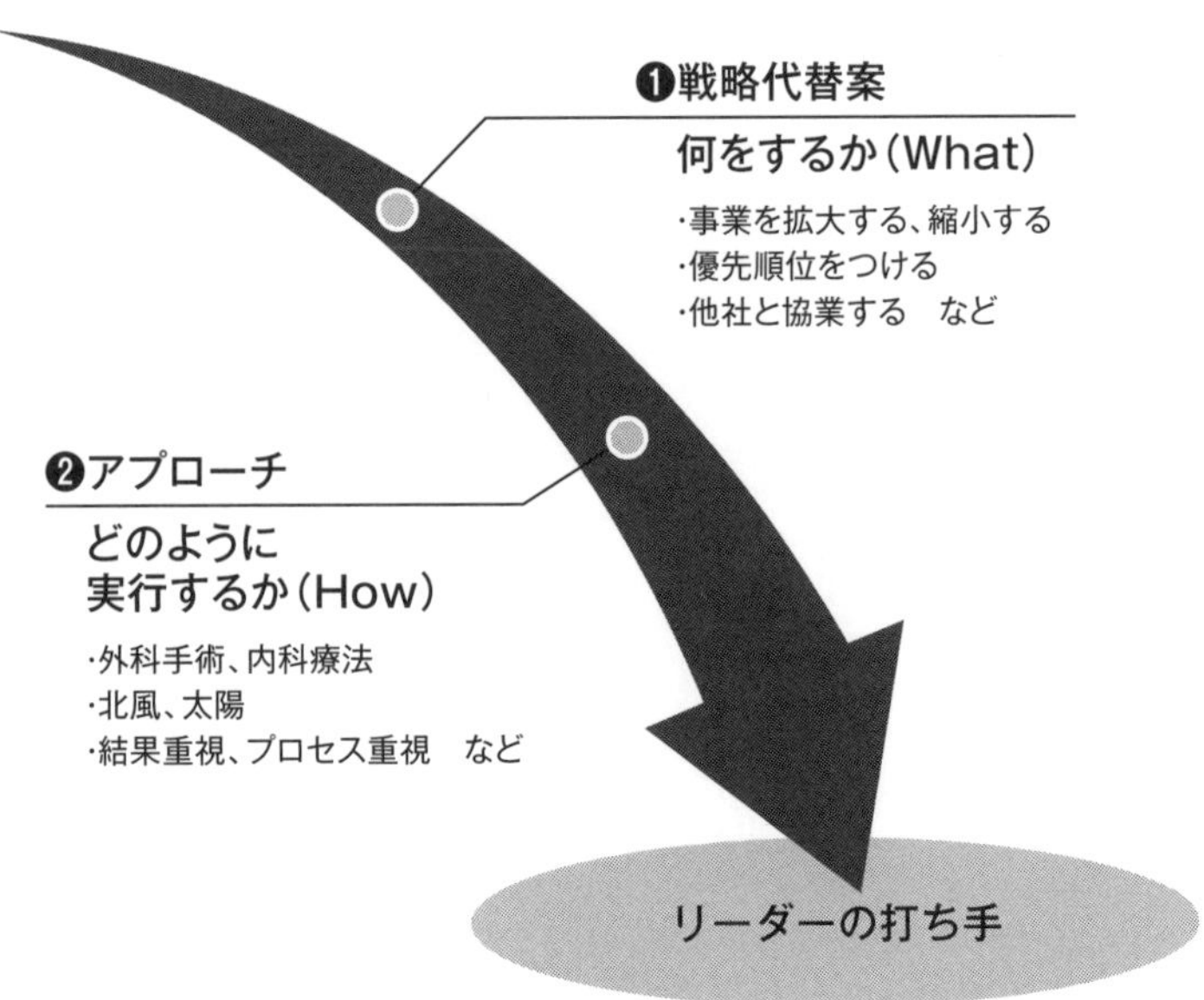

たとえば、次の週末を家族とどう過ごすか、考えてみてください。

このとき、何をするかが「戦略代替案（Ｗｈａｔ）」です。「オプション」と呼ばれることもあります。次の週末は家族で箱根に旅行することに決めたとしましょう。これが、戦略代替案です。

一方で、それをどうやって決めるのか。たとえば、自分ひとりで決めるのか、それとも家族で相談するのか。あるいは、箱根に行って何をするかを事前に決めておくのか、それとも現地で決めるのか。これが「アプローチ（Ｈｏｗ）」です。

通常は、戦略代替案だけを、あるいはアプローチだけを単独で決めることはないでしょう。私たちの意思決定の多くは両者を一緒に考え、実行時も両者が組み合わされています。以下では、企業や組織のリーダーという立場から、戦略代替案とアプローチについて見ていきます。

❶戦略代替案（Ｗｈａｔ）

リーダーが打てる手（戦略代替案）には、次のようなものがあります。

・事業を拡大する、あるいは縮小する
・選択と集中を進める、優先順位をつける
・自力でする、他者と協業する
・方針を変える、撤退する

事業を拡大する、あるいは縮小するといった打ち手は、少し大きな括りにしていますが、事業を拡大するなら、予算を増やす、人員を増やす、投資をする、商品開発を進めるといった具体策があります。事業を縮小するなら、予算を減らす、人員を減らす、コストを削減する、商品数を減らすといった打ち手です。

メリハリをつけるなら、選択と集中を進める、あるいは優先順位をつけるといった打ち手が有効です。具体的には、成長分野や成長商品に資源を投入して、不振分野の商品を縮小する、あるいは、成熟した国内市場から人材や資金を引き上げて、それを成長する海外市場に投入するといった方法です。

また、現在進めているプロジェクトが複数ある場合なら、それぞれのプロジェクトに優先順位をつけていきます。

自力ですべてをおこなわず、他者とアライアンスを組むといった打ち手もあります。外部の専門家に仕事を任せたり、業務を委託したりするのです。M&A（企業の合併・買収）も、これにあたります。こうした打ち手はお金がかかりますが、時間を買うことができるとともに、自分たちの力だけでは実現できない質の高いサービスを手に入れることもできます。

加えて、撤退することも、リーダーにとっては重要な打ち手です。適切なタイミングで決断しないと傷口はさらに広がります。事業を売却する場合も同じです。買い手にとって魅力がある段階で動く必要があります。

❷アプローチ（How）

もうひとつの打ち手であるアプローチは、戦略代替案をどのように実行するか（How）です。リーダーがとるアプローチには、たとえば次のようなものがあります。

・**外科手術をする、内科療法をとる**
・**北風か、太陽か**
・**結果重視か、プロセス重視か**
・**理屈で人を動かす、情で動かす**
・**自ら率先して最前線に立つ、神輿に乗る**

まずは、思い切った外科手術をする、あるいは内科療法をとるといったやり方です。前述しましたが、企業を改革する際には、事業領域を大きく絞り込んだりリストラをしたりする「外科手術」的なやり方もあれば、時間をかけてじっくり取り組んでいく「内科療法」的なやり方もあります。

このとき、どちらのやり方を選んだにせよ、「これをしなければ生き残れないんだ」と半ば強制的にやらせる方法もあれば（北風型）、「この戦略に従って、君たちがベストだと思うやり方で取り組んでくれ」と言ってメンバーの自発的な行動を促す（太陽型）方法もあります。

北風か太陽かは、イソップ童話をモチーフにしたスタイルですが、とにかく命令して厳しく指導するか、部下のやる気を引き出して、だんだん自信をつけさせていくかです。太陽型のなかには、ゴールだけを示して、あとは自分で方法を考えろというふうに任せてしまうやり方もあります。その対極にあるのが、細かなところまで首をつっこんで口出しや手出しをするやり方（マイクロ・マネジメント）です。

結果を重視するか、プロセスを重視するかも、アプローチのひとつです。これは、リーダーの特性にもよるでしょう。結果重視型の人が、プロセスをマネジメントしながら進めようとしても、ほとんどの場合うまくいきません。むしろ、プロセス重視型の人が結果重視型のアプローチをとったほうが簡単です。

「ＭＢＷＡ（Management By Walking Around）」と呼ばれるスタイルがありますが、これはプロセス重視型のアプローチです。ＭＢＷＡとは、役員室に閉じこもるのではなく、現場に出向いていって、ひとりひとりに声をかけていくやり方です。「元気にやってるか」「このあいだの案件どうなった？」「そういえば社員旅行で活躍してたな」といった話をしながら現場を歩きます。その目的は、いま進行中のプロジェクトが順調かどうか、異常値がないかどうかを肌感覚でつかむためです。

ＭＢＷＡを受けた部下たちは、「ちゃんと上司が見てくれているんだな」「ケアされているんだな」と思ってそれを励みにしたり、あるいは「監視されているんだな」と思って緊張感を高めたりします。

この他にも、理か情かというアプローチがあります。理屈で人を動かすか、情で人を動かすかです。くわしくは第3章で取り上げますが、どちらの方法を選ぶかはリーダーの特性に大きく左右されるでしょう。一般的に、戦略代替案よりもアプローチのほうがリーダーの能力や特性の影響を受けます。戦略代替案では明確さが求められるのに対し、アプローチには進め方や時間軸、その人の個性といった要素が多く含まれるためです。

また、アプローチにも「正解」はありません。しかし、置かれている環境やリーダーの特性によって、うまくいくアプローチと、うまくいかないアプローチがあるので注意しましょう。

たとえば、神輿に乗るスタイルは、リーダー自身が自分で何かをしたり、ああやれこうやれと指示を出したりするわけではありません。皆に担ぎ上げてもらうには、日ごろから部下たちとどう接しているかがカギとなります。

「Take that hill!（あの丘を奪い取れ）」スタイルも同様です。「Take that hill!」とは軍隊用語で、命令してやらせるリーダーシップ・スタイルです。そのなかには「俺も行くから、おまえもついてこい」という率先垂範タイプもいれば、「俺はここに座っているから、おまえが行ってこい」というタイプもいます。

私自身の話でいえば、もともと理屈っぽかったので「Take that hill!」でリーダーシップを発揮しようと思ったのですが、誰も私の言うことを聞いてくれません。また、皆が自分なりの考えを持っていることがわかったので、このスタイルをあきらめて神輿に乗ることにしたら、途端に万事うまくいくようになりました。もちろん、大きなところでは私が枠組みをつくるのですが。コンサルティング会社のようなプロフェッショナルが集まる組織では、「Take that hill!」よりも神輿に乗ったほうがよいと思いました。

また、「Take that hill!」と対極にあるのが、「サーバント・リーダーシップ」と呼ばれるアプローチです。サーバント・リーダーシップでは、部下やチームのメンバーがより仕事をしやすいように環境を整えたり、目標設定を手伝ったりします。部下にサーバント（奉仕）することで、彼ら彼女らが存分に力を発揮できるようにするのです。

図表2-4　できることと、できないことを区別する

コントロールできない		コントロールできる
どんな環境にあるか（環境要因）		どんな打ち手があるか（戦略変数）

❶組織が置かれた状況

・成熟企業、成長企業
・長期的な業績不振、一時的な業績不振
・稼ぎ頭の事業、お荷物事業
・成功企業の不振事業、不振企業の本業
・期待されている新規事業、失敗した新規事業
・誰がやっても成功しそうな事業、困難な事業

❷組織の癖

・加点主義、減点主義
・実力主義、年功序列
・多重意思決定構造、単純意思決定構造
・オーナー企業、財閥企業
・イノベーション重視、オペレーション重視

❸自分が置かれた状況

・経営者、役員、部長、課長、平社員
・実績を残している、残していない
・花形部署経験者、傍流部署出身者
・評価されている、されていない
・上司からかわいがられている、いない
・生え抜き、中途入社

❹自分の特性

・数字に強い、人に強い
・大胆、慎重
・未来志向、足元重視
・結果重視、プロセス重視

❶戦略代替案（What）

・事業を拡大する、縮小する
・選択と集中
・優先順位をつける
・自力でする、他社と協業する
・方針を変える、撤退する

❷アプローチ（How）

・外科手術、内科療法
・北風、太陽
・結果重視、プロセス重視
・理屈で人を動かす、情で動かす
・率先して最前線に立つ、神輿に乗る

いずれも、どちらがいいか悪いかではありません。重要なのは、どのようなスタイルが自分に合っているかです。自分にできるかどうかも重要ですが、厳密には両者は異なります。「できるかどうか」で判断しがちですが、大切なのは「自分に合っているかどうか」です。

本章のまとめ

・コントロールできることと、できないことがある。両者を混同してはならない（図表2―4）。
・組織が置かれた状況や、組織の癖、自分が置かれた状況はコントロールできない。
・自分の特性（スタイル）も環境要因のひとつ。
・環境要因を理解したうえで、自分に何ができるか（戦略変数）を考える。
・戦略変数は、戦略代替案とアプローチで決まる。

第3章

得意技を知る

——最も得意な戦い方はどれか?

好きなこと、得意なことは何か

第2章では、自分の力で「コントロールできること」と「できないこと」があることと、両者を混同してはならないことを見てきました。組織が置かれた状況や、組織が持つ癖、その組織内でのあなたの状況は、いずれもあなた自身の力でコントロールできない「環境要因」です。

加えて、あなた自身の能力や特性、いわゆるリーダーシップ・スタイルも、環境要因のひとつでした。人の特性はそう簡単に変えられないし、苦手なことよりも、得意なことや好きなことを武器にして戦ったほうが断然、効果的だからです。

また、第1章で見てきたように、そもそもリーダーシップには「正解（シングル・アンサー）」はありません。したがって、まずは、自分は何が得意なのか、何が好きなのか、どんな能力を伸ばしていきたいのかを把握しておくことが重要です。

しかも、できるだけ早い段階から、そうしておいたほうがよいと思います。リーダーになってからでは間に合わないこともあるからです。

これは、スポーツも同じです。相撲や柔道などの個人競技はもちろん、野球やサッカーなどチームでする競技でも、相手に勝つためには、まず「自分の得意技」を知っておくことが重要です。

では、実際にどんな得意技があるのか、リーダーの戦い方を見ていきましょう。

戦略か実行か

ビジョンを掲げることを得意としているリーダーといえば、誰を思い浮かべますか。たとえば、ソフトバンク会長の孫正義さんでしょうか。ビジョンを掲げるリーダーは、「皆が共鳴する、わかりやすいビジョン」を掲げることで人々を巻き込み、引っ張っていきます。

ときには「大風呂敷」と呼ばれることもあります。しかし、孫さんがすごいのは、その大風呂敷を、これまできちんとかたちにしてきたことです。実際には、大風呂敷を広げることが彼自身のモチベーションを高める原動力となっているのでしょう。そして、その大風呂敷は、彼のもとに集まってくる人たちにも「やってやろう」という気持ちを抱かせます。

一方で、大風呂敷を広げるよりも「戦略」を策定することを得意とするリーダーもいます。楽天の創業者、三木谷浩史さんがそうです。

三木谷さんはハーバード・ビジネススクール在学中から起業を考えていて、いくつものビジネスのアイデアをリストアップしていたそうです。それをひとつひとつ検証するなかで「これからはEコマースの時代だ」という結論に至り、楽天を創業しました。競争相手や起業のタイミングなどをうまく見はからって事業を成功させていきます。戦略を立てて分析しながら進めていくのが得意なタイプだといえるでしょう。

しかし、優れたビジョンや戦略を立てても、それを「実行」できなければ意味がありません。そのためには現場力も不可欠です。こうした実行力や現場力については、ユニ・チャーム社長の高原豪久さんがたいへん優れていると思います。

成熟した国内市場では、少子高齢化をにらんで子供用ではなく大人用紙おむつで攻め、海外市場、なかでも人口が著しく増えている新興国市場は子供用紙おむつで攻めるといった戦略転換も見事ですが、それ以上にすばらしいのは、実際にそれを実行したことと、社員たちがそれを実行するための仕組みをつくったことです。

論理か感性か

一方で、リーダーのなかには「論理」で人々を引っ張っていくタイプの人もいます。日産自動車元会長のカルロス・ゴーンさんが、このタイプではないでしょうか。ゴーンさんが日産を立て直したとき、本当は新車を開発したかったそうです。しかし、新車開発には7~8年かかります。まずは目前に迫る危機を乗り越えるために利益を出すことが大事で、手っ取り早いのはコスト削減です。コスト削減から手をつけて、その後、ある程度の危機を脱してから、新車開発に取りかかりました。

また、コスト削減だけでは大きなインパクトを出せないし、皆が自信をなくしてしまいます。そのため、1年目は大赤字にして、2年目で「V字回復」を果たしました。そうすることで社員も自信を持ち、まわりの人も「日産は変わったかもしれない」と思いはじめるようになります。

こうしたやり方は、論理的な思考から生まれたのだと思います。

反対に、「感性」に優れたリーダーもいます。ファーストリテイリング会長兼社長の柳井正さんが、このタイプとして挙げられると思います。柳井さん自身は「そうではない。私は、感性ではなく理屈の人間だ」とおっしゃるかもしれませんが、私から見ると、物事のとらえ方がすばらしく、とらえたことを実際の企業活動のなかに取り込んでいくのが非常にうまいと思います。

リーダーシップ・マトリクス――得意技の４類型

右記で述べてきた観点から、リーダーシップ・スタイルを次の２つの軸で整理してみたいと思います。これは私が長年、さまざまなリーダーを見てきたなかで考えてきた切り口です。

・戦略か実行か
・論理か感性か

ひとつは、「戦略を立てること」と「実行に移すこと」のどちらが得意かです。戦略とは、組織全体の方向性や目標を実現するための道筋を策定すること、実行とは、掲げた戦略を実行して成果をあげることを指します。ゴールを示して人を動かしたり、夢や未来を語って人を巻き込んだりするのが得意なリーダーもいれば、自ら最前線に立って率先垂範で動くリーダーも、きちんとしたオペレーションの仕組みをつくって組織全体の実行力を高めようとするリーダーもいます。

もうひとつは、物事を「論理的に考えること」と「感性でとらえること」のどちらが得意かです。論理的に考える「左脳型」か、感性でとらえる「右脳型」のどちらか、と言い換えてもよいでしょう。

さて、これら2つの軸について、あなたが得意としているのは、それぞれどちらでしょうか。この2軸によって、次に挙げる4つのリーダーシップ・スタイルに分けることができます（図表3―1）。

❶左脳―戦略型　……　軍師型
❷右脳―戦略型　……　ビジョナリー
❸左脳―実行型　……　堅実派
❹右脳―実行型　……　率先垂範型

図表3-1　リーダーシップ・マトリクス

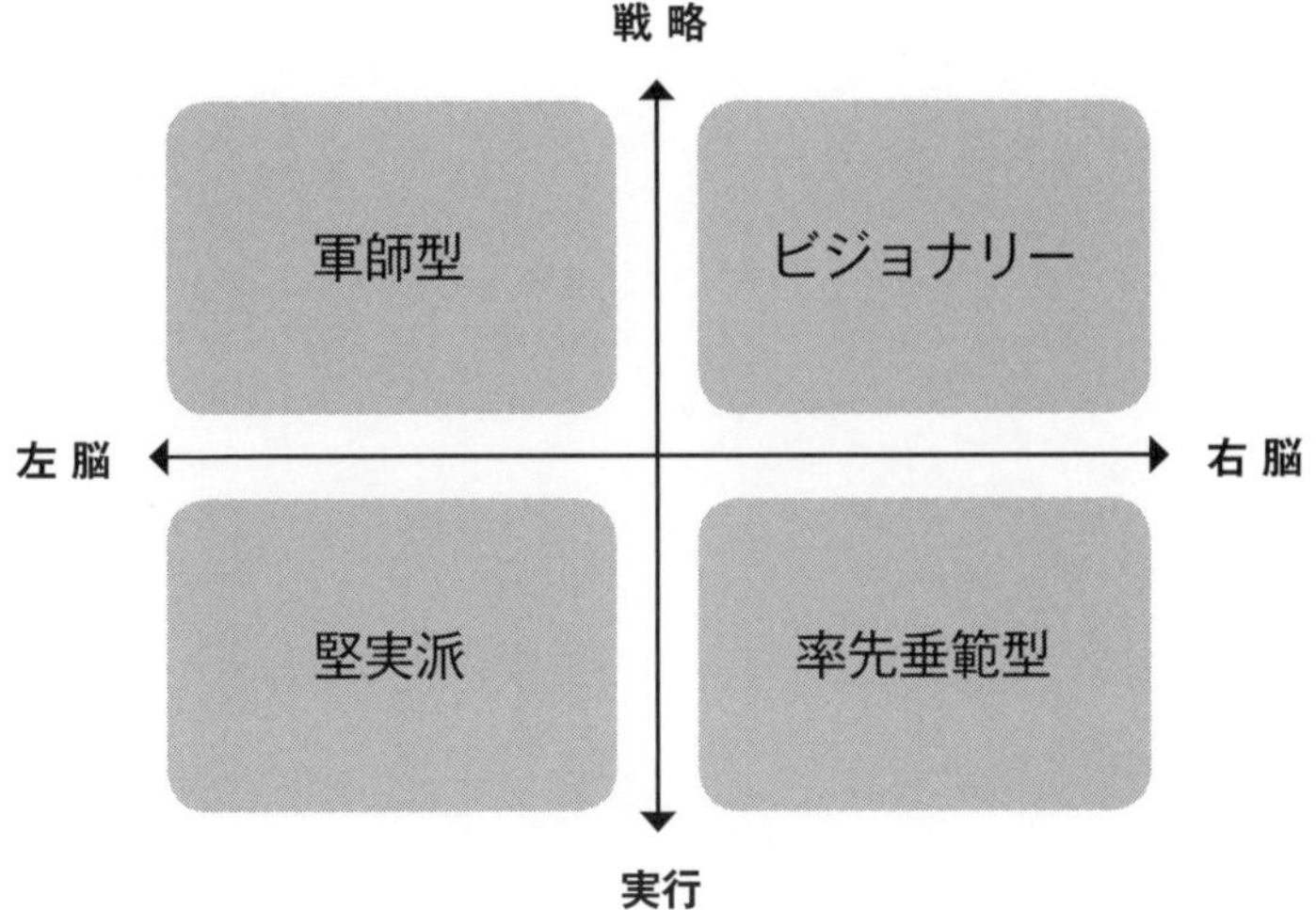

まず、「左脳―戦略型」です。このタイプを「軍師型」と名づけることにします。歴史上の人物でいえば、三国志で有名な諸葛孔明や、NHKの大河ドラマでも取り上げられた黒田官兵衛など、左脳が働く戦略上手の人物です。

諸葛孔明には、「泣いて馬謖を斬る」という有名な話があります。自分の一番弟子がミスを犯したので、見せしめに死罪にしたというエピソードですが、これなどはまさに左脳の発想です。右脳の発想ではないと思います。

次は、「右脳―戦略型」です。このタイプを「ビジョナリー」と呼ぶことにしましょう。歴史上の人物でいえば、坂本龍馬。経営者でいえば、アップルのスティーブ・ジョブズさんやソフトバンクの孫正義さんです。大きな夢や未来を語ることで人々を巻き込んでいきます。

「左脳―実行型」は、少し堅苦しいイメージもありますが、論理的に考えて実行していくということから「堅実派」と名づけましょう。江戸時代、米沢藩を立て直した上杉鷹山などが、このタイプのリーダーです。第1章でも触れましたが、じっくりと藩の改革を進めていきました。

「右脳―実行型」は、「率先垂範型」と呼ぶことにしましょう。たとえば、自らナッパ服を着てスパナを持ち、工場で皆とワイワイガヤガヤやるのが好きだった本田宗一郎さんが、このタイプのリーダーです（図表3―2）。

なお、これまで名前を挙げてきた人たちもそうですが、誰もが皆、これら４つの側面をすべて持っています。しかし、あえて「その人の強みがどこにあるか」という視点でとらえることが重要です。このマトリクスのねらいは、そうした視点であえて分類することによってリーダーシップに対する理解を深めることにあります。

では、それぞれのタイプについて、どんな特徴があるのか、くわしく見ていきましょう。

❶ゴールを示して、人を動かす（左脳―戦略型）

軍師型は、これから向かう方向や目標（ゴール）を示して、人を動かします。その際にカギとなるのが「戦略立案力」です。そのなかには、全社的な事業ポートフォリオにおいて、その事業を伸ばすのか、撤退・売却するのかといった選択も含まれます。

図表3－2　戦い方で見たタイプ分け

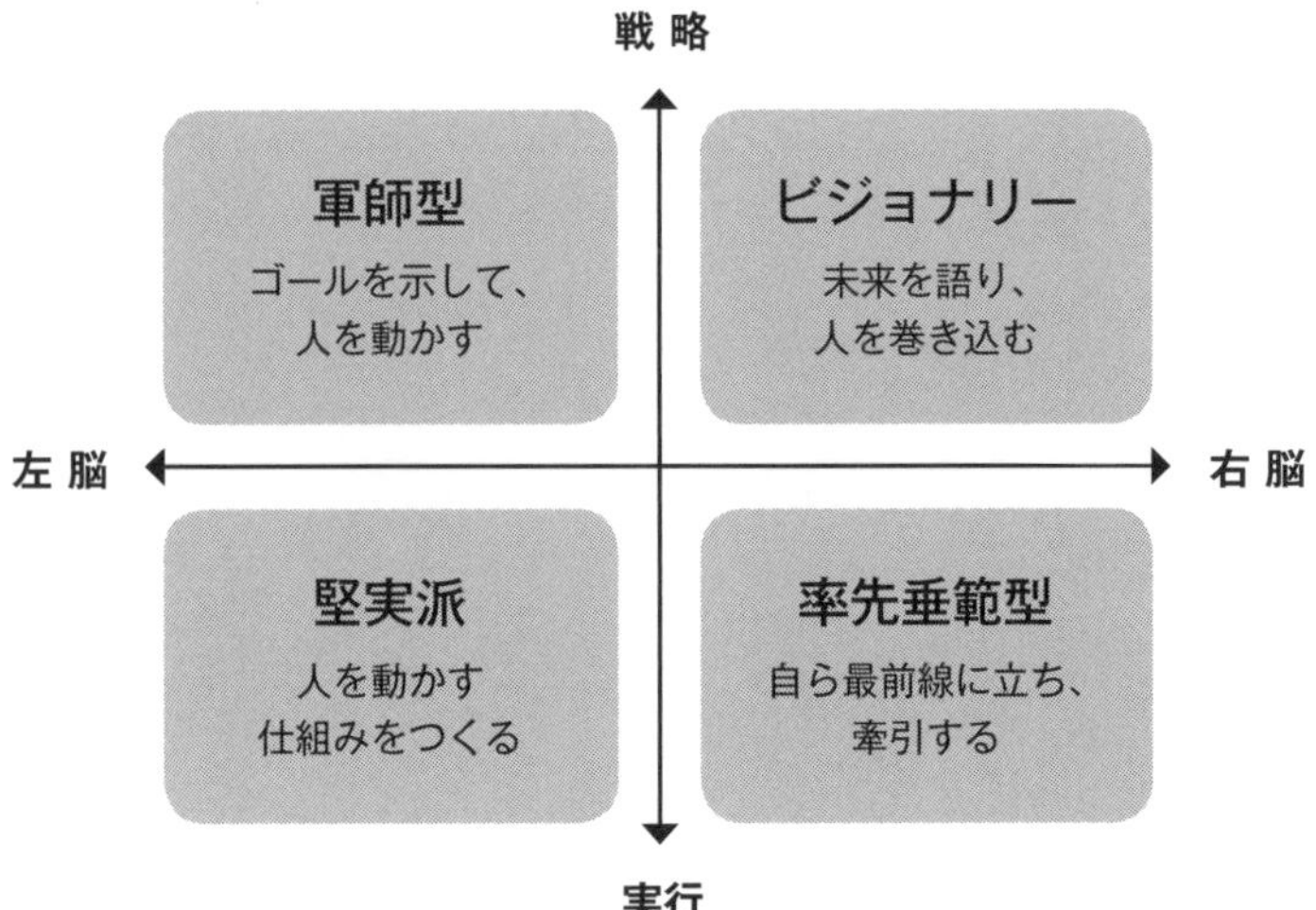

こうした戦略を立案するには、現状を分析して論点を抽出する能力（問題発見）や、仮説を立ててそれを検証する能力（先見性や洞察力）が不可欠です。先見性や洞察力がもたらすのは「予言」ではありません。いま起きていることをもとにして「将来こうなるのではないか」という方向性を描き出す「科学」です。そこでは、左脳が非常に重要な働きをします。

このタイプの経営者としては、先述した楽天の三木谷浩史さんや、富士フイルム会長の古森重隆さんなどが挙げられます。ふたりとも物の見方が非常にロジカルで、緻密な戦略を立てています。

三木谷さんが楽天を創業したときのエピソードは、先に述べたとおりです。

古森さんは、デジタルカメラの普及によって市場そのものが消失してしまうという大きな環境変化のなかで、本業である写真フィルム事業からの撤退を決断しました。

その一方で、フィルム技術を応用した化粧品や医薬品へ事業転換をはかったり、液晶ディスプレーに使う偏光板の保護フィルムの増産に乗り出したりしました。いずれも、きわめて戦略的で論理的な判断です。

もちろん、ふたりには実行力もあります。しかし、それよりも、戦略立案を得意とするタイプのリーダーだと思います。

❷未来を語り、人を巻き込む（右脳―戦略型）

ビジョナリーは、夢や未来を語ることで、人々を巻き込んでいきます。

その際に不可欠なのは、大きな夢やビジョンを描く「構想力」です。また、その夢やビジョンを簡潔なメッセージとして打ち出していく「表現力」も欠かせません。

表現力という点では、内閣総理大臣を務めた小泉純一郎さんが抜群でした。当時首相だった小泉さんは、首相権限でおこなった衆議院解散を、自身が主張していた郵政民営化への賛否を争点にした「郵政解散」と名づけ、その後の選挙で大勝利をおさめました。わかりやすい簡潔なメッセージを打ち出すと、人は動くのです。

また、先行きが不透明ななかで物事を決めていくという点では「決断力」も欠かせません。決断力を示すことで、この人についていこうと思わせ、人々を巻き込んでいくのです。

このタイプの経営者としては、孫正義さんが挙げられます。物事を実現させる力もあるので、孫さんは「戦略型」ではなく「実行型」だと思われるかもしれません。しかし、彼のすごいところは、人が思いもつかないような壮大な話をぶち上げて、皆に夢を見させることです。

フォロワーたちはがむしゃらに働いて、その夢を実現させようとします。こうした点で孫さんは、旗を掲げるのが上手なリーダーだといえます。

❸人を動かす仕組みをつくる（左脳－実行型）

堅実派は、細かなことも漏らさず、継続的にやりきります。そのためには、綿密な「計画立案」と、それを現実に落とし込んでいく「実行力」が欠かせません。あらかじめ、どんなリスクがあるのかを把握して、打てる手は打っておく。そのうえで、打てないときの準備もしておきます。

このタイプのリーダーは、たとえば「ＰＤＣＡサイクル」を着実に回していくような仕組みをつくることで、組織の実行力を高めていきます。そのためには、人材を適切に配置し、公平な評価をおこなう必要がありますが、論理で人を動かす人だからこそ、それができるのです。

前述したユニ・チャーム社長の高原豪久さんは、このタイプのリーダーだと思います。高原さんは、「ＳＡＰＳ経営」と呼ばれる目標管理の仕組みをつくり、組織の実行力を高めています。

セブン＆アイ・ホールディングス元会長の鈴木敏文さんも、このタイプの経営者です。

当時、鈴木さんは、毎週火曜日に全国からイトーヨーカドーの店長を集めて会議をおこなっていました。ＩＴ（情報技術）が発達した時代にわざわざ人を集める意味があるのか、時間やお金がかかるだけではないかとも思われますが、直に顔を合わせなければ伝わらないこともあり、そうしたことが企業を強くすることもあるのです。

ふたりとも人間味あふれる方で、右脳的な魅力の持ち主ですが、経営者としてやっていることを見ると、きわめてロジカルにオペレーションを組み立てて、実行に落とし込んでいるという共通点があります。

❹自ら最前線に立ち、牽引する（右脳―実行型）

自ら先頭に立って、俺についてこいという率先垂範型のリーダーは、「コミュニケーション」が得意です。人々のモチベーションを高める方法、すなわち、人の巻き込み方を知っています。

また、「継続する力」も持っています。そのしつこさが、組織の力を引き出す梃子となります。ひとりひとりの力を引き出して組織力を最大化させるのが、非常にうまい人たちです。ときにはおだてたり、叱ったりします。

ホンダを創業した本田宗一郎さんが、このタイプのリーダーだと思います。

当時のホンダは、まだ小さな会社で、優秀な人材はそれほど集まらなかったと思いますが、それでも優れたクルマやオートバイが生まれました。「マン島でおこなわれる世界一のオートバイレースに出場して、優勝する」といった夢のような目標も本当に実現してしまいました。

サントリーホールディングス社長の新浪剛史さんも、「右脳―実行型」でしょう。

三菱商事に勤務し、ハーバード・ビジネススクールを修了した新浪さんは、優れた戦略思考の持ち主ですが、彼の強みがどこにあるかといえば、やはり実行力です。あの若さで三菱商事からローソンに出向し、先輩社員がいるなかで社長としてリーダーシップを発揮してきたわけですから、相当腹がすわった人です。

新浪さんと話をしていると、論理的であるだけでなく、何でこんなことを思いついたのかと驚かされるときもあります。そんな非凡なところを見ると、ロジカルよりも感性で人を引っ張っていくタイプだと思います。

時代とともにスタイルも変わる

うまく分類できなかった人もいるので、紹介しておきます（図表3―3）。

1981年から約20年にわたって米電機大手ゼネラル・エレクトリック（GE）を率い、20世紀最高の経営者といわれたジャック・ウェルチさんです。彼は10年ごとに経営スタイルを変えたともいわれています。

最初の10年間は、すぐ雷を落とす怖い経営者で、「ニュートロン・ジャック」と呼

図表3−3　経営者の戦い方

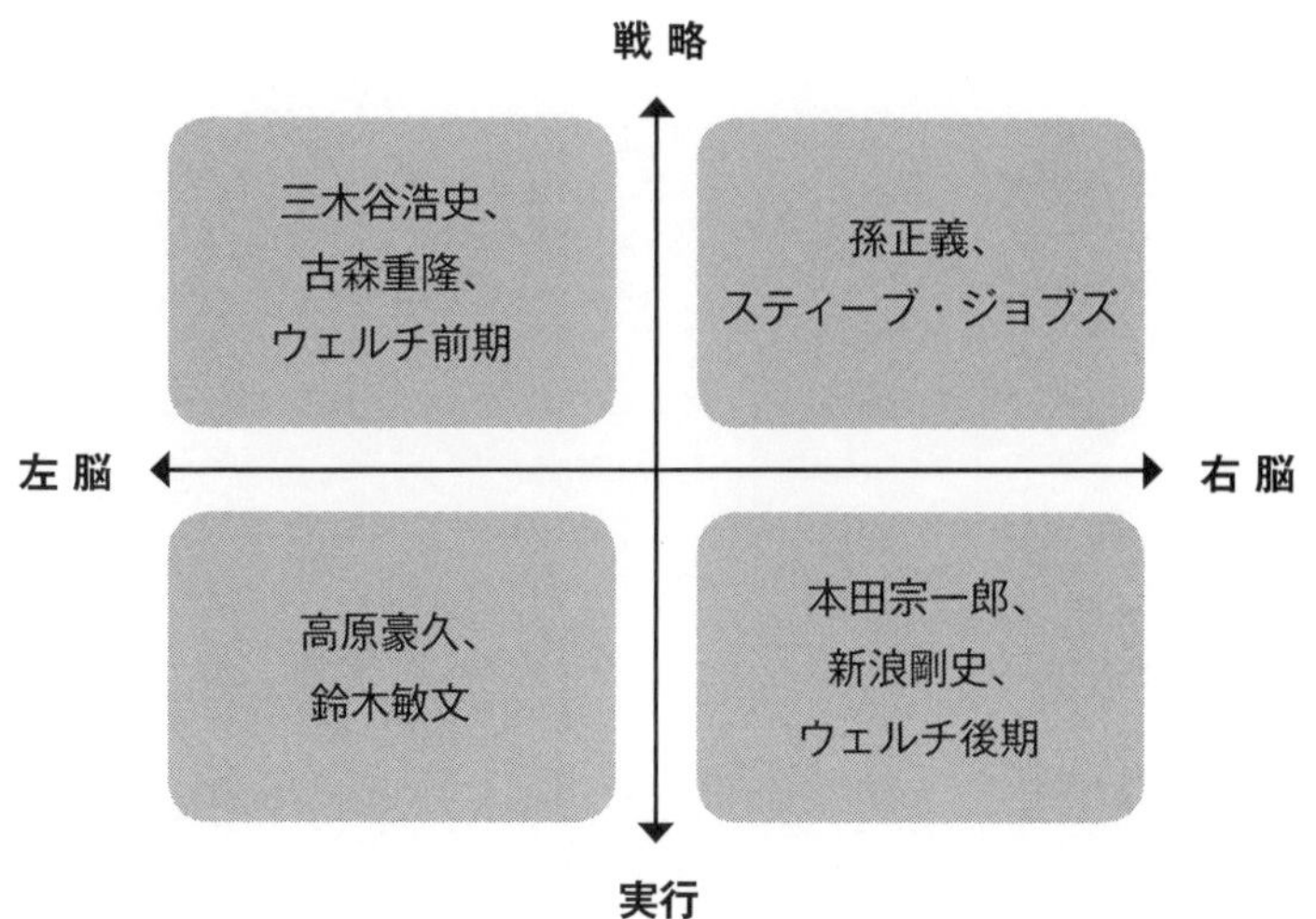

ばれていました。ＲＯＥ（自己資本利益率）が20％以上で世界シェアが1位か2位でない事業は躊躇なく切り捨てます。「選択と集中」によって事業ポートフォリオを組み換え、ＧＥを再生させました。このころ（前期）のウェルチさんは「左脳―戦略型」だと思います。

これに対し、後半の10年間は、自分がいなくなっても成長し続けられる仕組みをつくるために人材育成に注力しました。米ニューヨーク州クロトンビルにある研修所を何度も訪れ、人材を育成するために多くの時間を割きました。ウェルチさんの後期は「右脳―実行型」だと思います。

得意技をどう使いこなすか

では、こうした得意技が、どのように使われているのかを見てみましょう。

たとえば、いまある事業を改革する、新規事業を立ち上げるなどといった場面（理論解）に対し、それぞれのタイプのリーダーは、自分が最も得意とする戦い方（自分解）をどのように活用しているのでしょうか（図表3―4）。

図表3－4　理論解と自分解

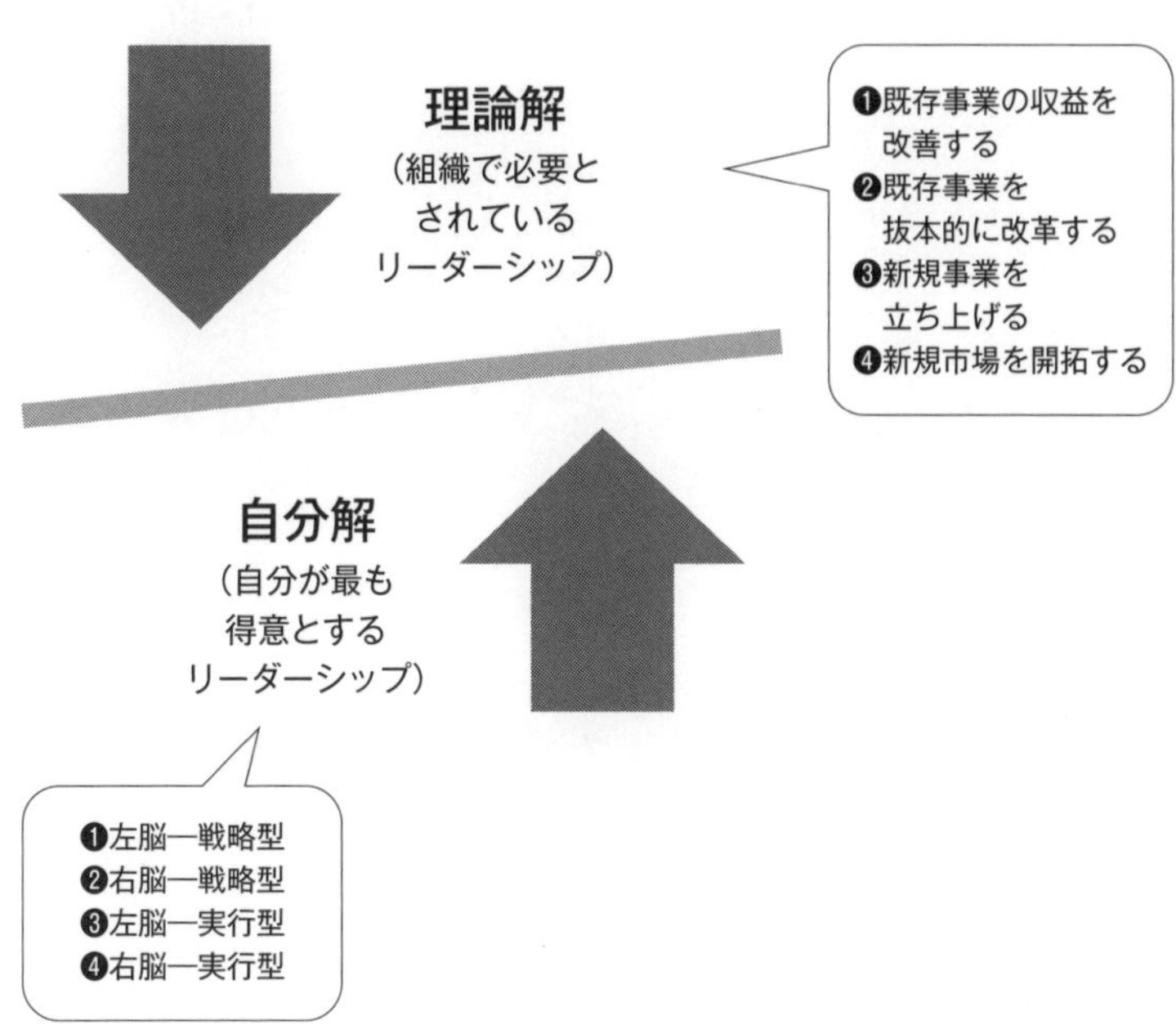

次の4つのケースで見ていきます。

❶既存事業の収益を改善する
❷既存事業を抜本的に改革する
❸新規事業を立ち上げる
❹新規市場を開拓する

❶既存事業の収益を改善する

ビジョナリー（右脳―戦略型）

ジョンソン・エンド・ジョンソンの社長を経て、カルビー会長兼CEOに就任した松本晃さんは「右脳―戦略型」です。

松本さんがカルビーにいた9年間で、同社の売上は1・8倍に、利益は6倍に伸びました。しかし、実はこの間に、新商品をひとつも出していません。既存商品の改革だけで業績を改善したのです。

たとえば、このときに注力した商品のひとつが「フルグラ」です。松本さんがカルビーに入る前から「フルーツグラノーラ」という名称で販売されていた商品ですが、「これはもっと売れるはずだ」「こんなによい商品が売れないわけがない」と考え、同商品の販売を立て直すように事業部のメンバーに命じました。データに基づいた発見ではなく、実際に食べてみておいしいと思ったことがきっかけです。

また、「トップシェアなのに儲かっていないのはおかしい」と、カルビーの主力商品であるポテトチップス事業も見直しました。

事業ごとに新たな方向性を掲げて、経営資源の使い方を見直す。それに現場の実行部隊が応えたのです。こうした改革は、本社の執務室ではなく、現場を歩き回ることから生み出されています。

また、事業の見直しに合わせて、オフィスの壁をなくしたり、執行役員クラスに多くの女性を中途採用したりもしています。

左脳的な要素も含まれてはいますが、大きな改革の方向性を自ら示し、後は社員に任せるという点において、松本さんはまさに「右脳―戦略型」のリーダーだといえるでしょう。

ビジョナリー（右脳―戦略型）

同じく「右脳―戦略型」のリーダーとして、ネスレ日本の元社長、高岡浩三さんも挙げられます。

高岡さんがネスレ日本の社長になる前、ネスレコンフェクショナリーのマーケティング本部長だったときには、同社のチョコレート菓子「キットカット」のキャンペーンを成功させました。

きっかけは、受験シーズンになると、九州地方で「キットカット」がよく売れたという情報です。「きっと勝つ」を九州弁で言うと「きっと勝っとお」となることから受験生が験担ぎで食べていたわけですが、これを聞きつけて２００３年から始めた「受験生応援キャンペーン」は大成功をおさめました。

本来なら、ネスレのようなブランドを大切にする企業で、こうした語呂合わせのキャンペーンが許されるはずがありません。しかし、高岡さんは、「これはいける」と判断して実現させてしまったのです。

まさに「右脳型」の発想です。

堅実派（左脳―実行型）

一方で、違うタイプのリーダーはどうでしょうか。「右脳―戦略型」の正反対に位置するタイプ、「左脳―実行型」の戦い方と比べてみましょう（図表3―5）。

「左脳―実行型」のリーダーの代表でもある、セブン＆アイ・ホールディングス元会長の鈴木敏文さんは、きわめて論理的なオペレーションの仕組みをつくることで、既存事業の収益改善をはかっています。

その最たるものは、小規模の小売店でも儲かるかたちにした、すなわち、セブンイレブンの創設によってコンビニエンスストアという業態をつくり出したことです。

日々の売れ行きを示すＰＯＳデータを読み込んで、その都度、臨機応変に商品の仕入数や売り場のレイアウトを変えていくわけですが、そうした仕事は、基本的にはそれぞれの店の担当者がおこないます。しかも、「フィールド・カウンセラー」と称する社員が各店舗を回って詳細なアドバイスをしていくという、非常にシステマティックな仕組みもつくっています。

このほかにも、商品ごとにバラバラに店舗に配送するのではなく、まとめて共同で、しかも多頻度に配送する効率的な仕組みや、地域ごとにドミナント出店する施

図表3−5　既存事業の収益を改善する

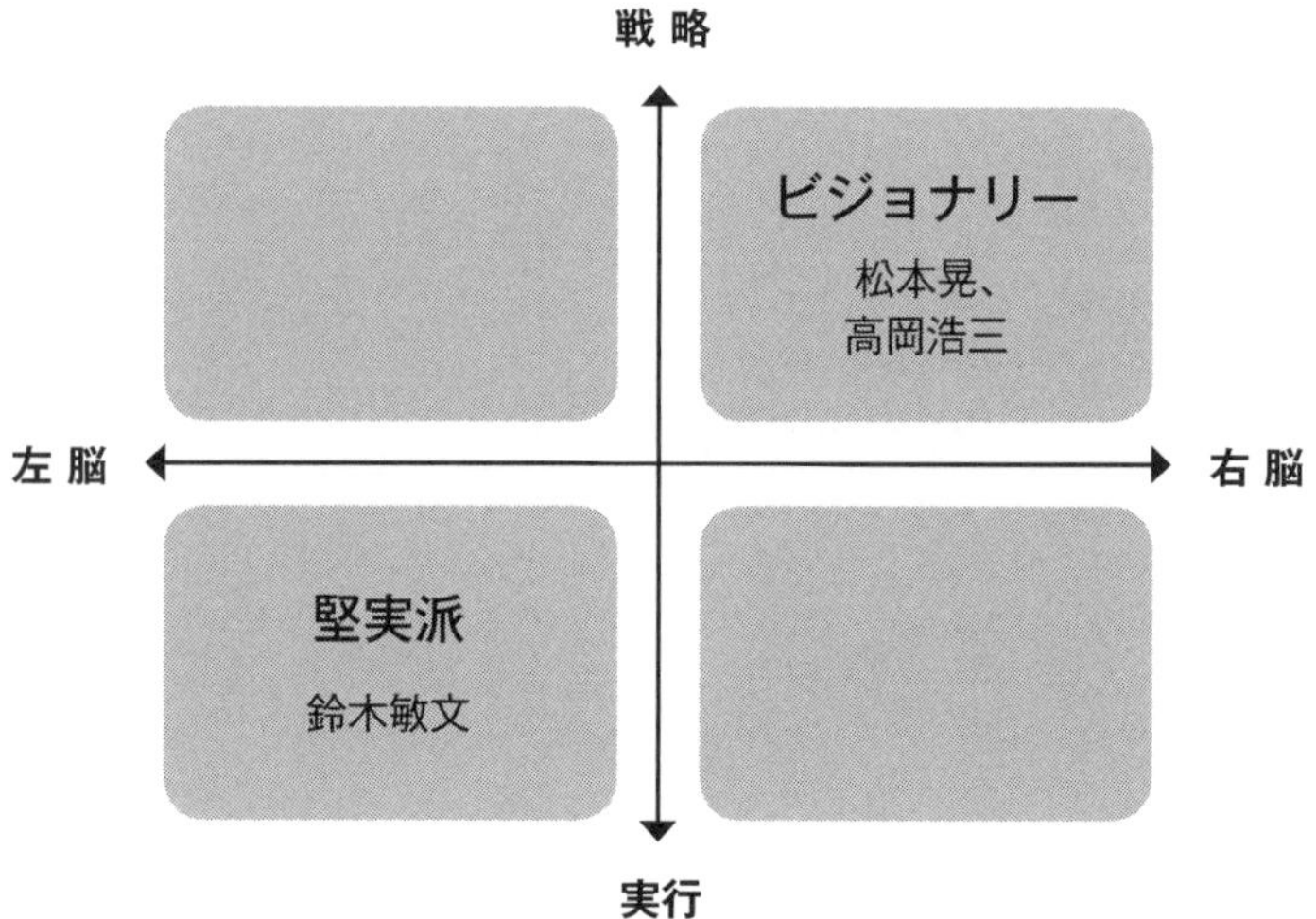

策、新商品であるお弁当はすべて自ら試食するなど、きわめて左脳的な観点から実行に落とし込んでいます。

最近では、セブンイレブンで淹れたてのコーヒーの販売を成功させました。もちろん、誰かが「コンビニエンスストアで淹れたてのコーヒーが買えたらうれしい」と言っていたわけではありません。ＰＯＳデータの数字を見て、論理的に仮説を組み立てていくのです。

消費者の心を読むというと、いかにも右脳的なことのように思えますが、そうではありません。きわめてロジカルな変化対応を継続させることで収益改善をはかっているのです。

❷既存事業を抜本的に改革する

軍師型（左脳―戦略型）

既存事業の継続的な改善ではなく、抜本的な改革の場合はどうでしょうか。

「左脳―戦略型」のリーダーとしては、前述した富士フイルム会長の古森重隆さんが挙げられます。

先にも述べましたが、古森さんは、デジタルカメラの普及によって市場そのものが消失してしまうという大きな環境変化のなかで、本業である写真フィルム事業からの撤退を決断しました。

こうした意思決定は、なかなかできるものではありません。論理的に考えれば正しいとわかっていても、勇気や覚悟がなければ、決断することはできないでしょう。想像以上に大変なことです。

その一方で、フィルム技術を応用した化粧品や医薬品へ事業転換を進めるなどの手も打っていきます。事業の抜本的な改革には、早い段階から問題を発見して仮説を立て、それを実行に移していく力が欠かせないことがわかります。

率先垂範型（右脳—実行型）

もうひとり、違うタイプのリーダーによる改革の事例も見てみましょう（図表3—6）。

同和鉱業（現ＤＯＷＡホールディングス）で経営改革を断行し、同社を高収益会社

図表3－6　既存事業を抜本的に改革する

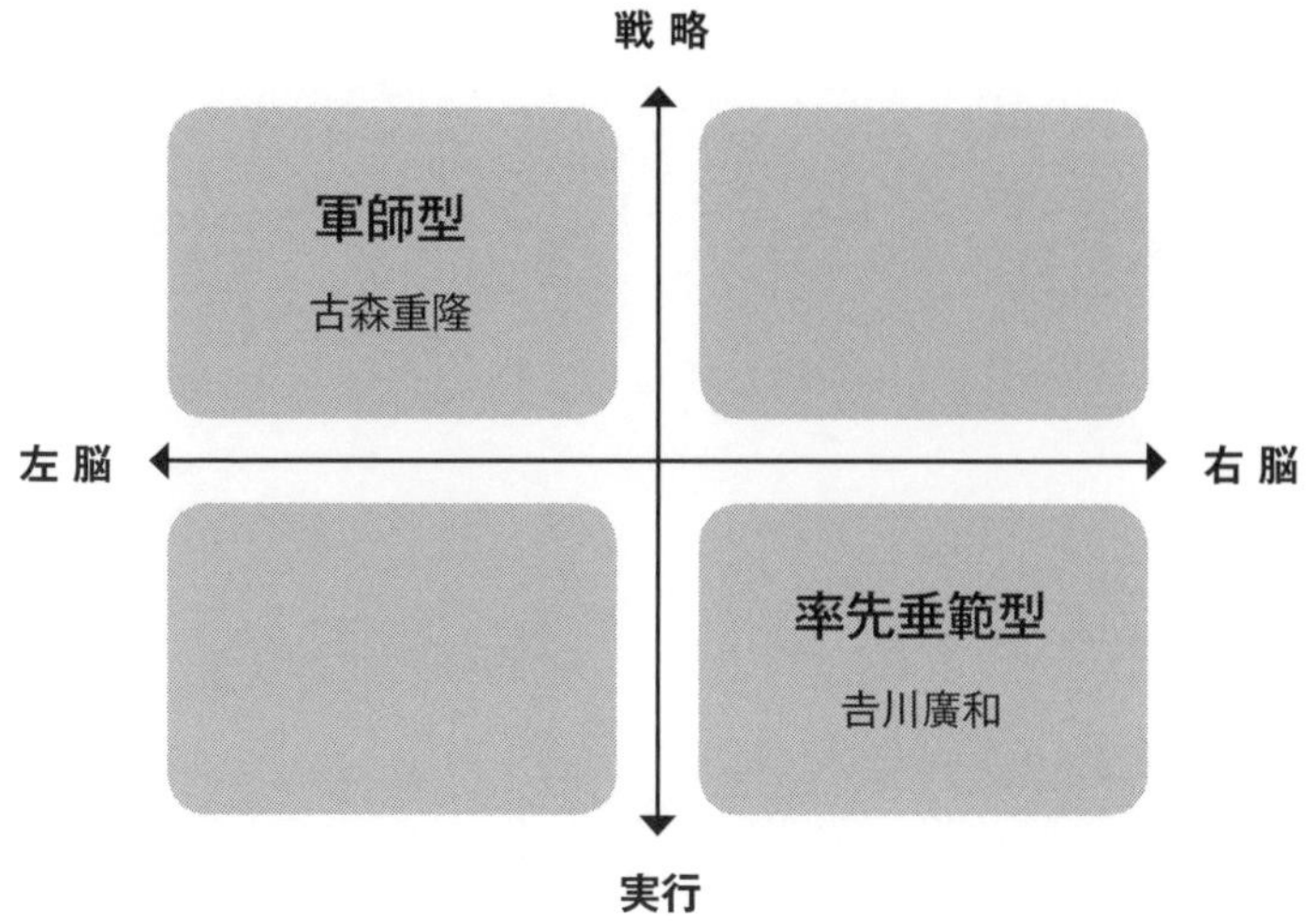

に変身させた吉川廣和さんです。１００年以上の歴史を持つがゆえに体質が古く、利益も出なかった会社のなかにある、さまざまな壁を壊していきました。

その場合も、教科書的に進めるなら、時間をかけて仕事の中身や働き方を変えていけばよいのですが、そのようなことはしません。

実際には、そうできるほどの余裕がなかったわけですが、吉川さんは大胆な手法をとりました。「肥大化した本社が問題なら、物理的に小さくしてしまえ」と、実際のスペースを６割に減らしてしまったのです。部門間にあった壁も、すべて取っ払ってしまいます。

非難を浴びても、強引にやり通してしまいます。「企業を改革するのに評論家はいらない。反対があってもやりきる勇気が必要だ」ということを、身をもって示した経営者です。

とはいえ、こうした強引なやり方にも理屈はあるのです。壁がなくなれば、村社会はできにくくなるし、物理的に進めてしまえば、もう後戻りできません。

吉川さんは、現場を重視する型破りな「右脳―実行型」のリーダーです。ロジックで迫る「左脳―戦略型」のリーダーとは異なる戦い方ですが、ここまで思い切ったこと、本質をついたことをしないと組織は変われない、ということを教えてくれます。

❸新規事業を立ち上げる

新規事業の立ち上げという「理論解」に対し、それぞれ異なる「自分解」で挑んだ事例も見てみましょう。

軍師型（左脳─戦略型）

楽天の創業という新規事業の立ち上げに対し、きわめてロジカルに戦略を導き出す「左脳─戦略型」の戦い方をした三木谷浩史さんについては、先に述べたとおりです。いくつものビジネスのアイデアをリストアップし、それらをひとつひとつ検証するなかでＥコマースの事業を選んでいきました。オンラインとはいえ、単なる小売ビジネスではなく、ネット上に売り手と買い手を集めるプラットフォームをつくっていったというところに先見の明があります。その特長を生かして、急成長を遂げました。

こうした戦略的な側面は、楽天が経済圏を広げていくときの人材活用のなかにも見てとれます。たとえば、ネット証券のＤＬＪディレクト証券を買収した際には、同社の社長だった旧住友銀行出身の國重惇史氏を、楽天の金融事業カンパニーの社長に登用しました。

率先垂範型（右脳―実行型）

こうした「左脳―戦略型」の戦い方に対し、ピーチ・アビエーションのCEOを務めた井上慎一さんは「右脳―実行型」で新規事業を立ち上げています（図表3―7）。ピーチ・アビエーションは、いまでこそANAホールディングスの連結子会社ですが、立ち上げ時にはANA（全日本空輸）からは人材を採用せず、マイナー出資にしてもらうなど、独立志向を強めるかたちでスタートしました。

格安航空の武器である安さの秘密は何かといえば関西国際空港を拠点にしていることが挙げられますが、なんといっても、同社のトップである井上さんの率先垂範する力が大きいと思います。

「ピーチ」という名のとおり、桃色と紫色の中間色で機体の色を統一するほか、それと同じ色の法被を着て自ら街頭でチラシを配ったり、CAを募集したりするなど、なんでも先頭に立ってやります。

図表3−7　新規事業を立ち上げる

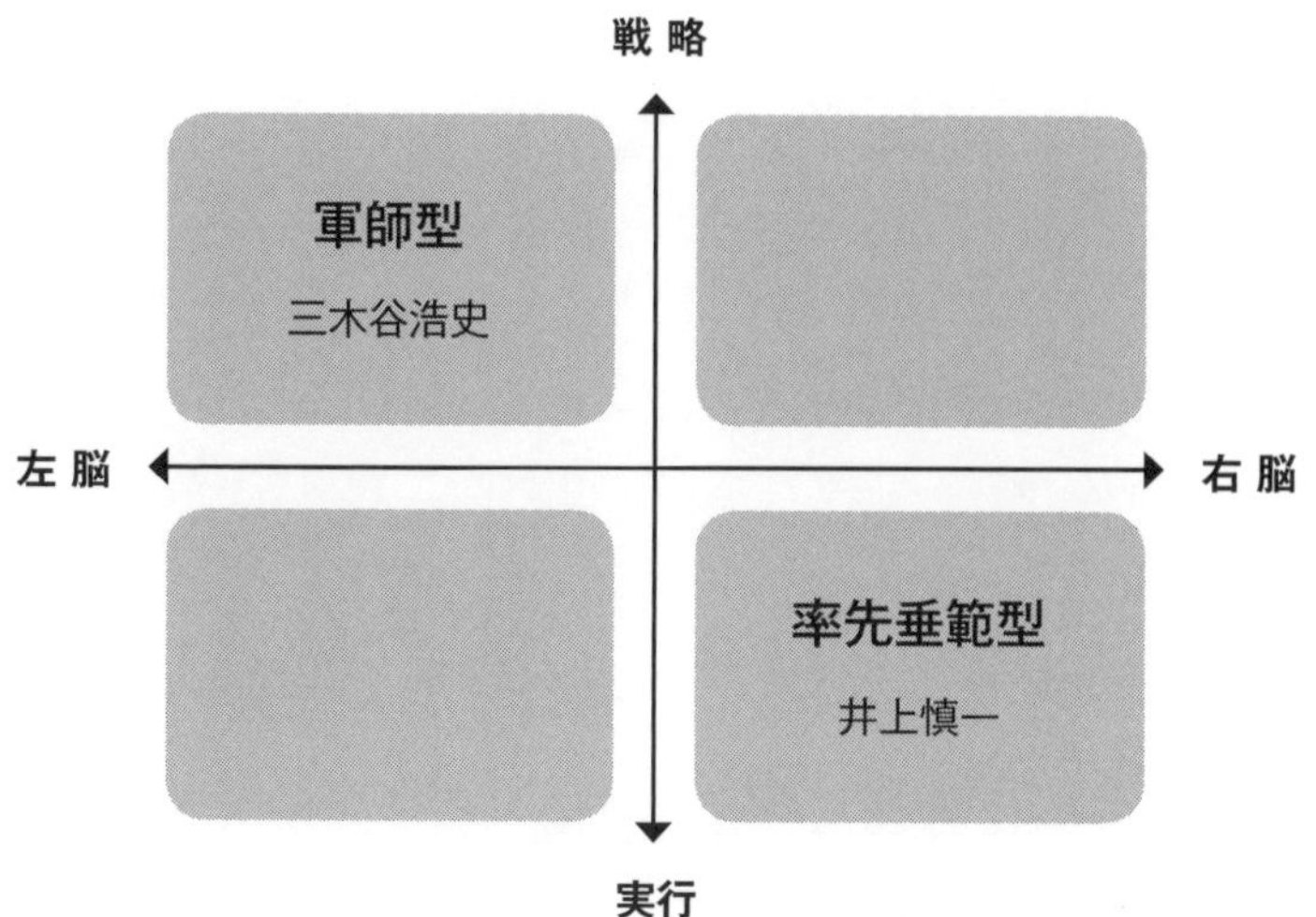

会社立ち上げを発表した記者会見では、非常にユニークな演出もありました。社名の「ｐｅａｃｈ」が1文字ごとに描かれた個々のパネルを持った5名が登場すると、次の瞬間、この5名の並ぶ順番が入れ替わります。すると、「ｐｅａｃｈ」から「ｃｈｅａｐ」に変わるのです。格安航空である同社の武器は、まさに価格の「安さ」にあります。このほか、飛行機のなかでクルマを売って完売するなど、話題づくりにも積極的です。

もちろん、成功しているアイルランドの格安航空、ライアンエアーの事業モデルを徹底的に研究してベンチマークするなど、戦略的な側面もその背景にはあります。しかし、井上さんの武器はなんといっても右脳的な実行力でしょう。

新規事業の立ち上げという「理論解」に対し、それぞれのタイプのリーダーが、自分の最も得意とする戦い方（自分解）で問題を解決し、成功に導いてきたことがわかります。

❹新規市場を開拓する

新規市場の開拓という「理論解」についても、タイプが異なる2人のリーダーの戦い方を見ていきましょう。

堅実派（左脳―実行型）

ユニ・チャーム社長の高原豪久さんは、同社を創業した高原慶一朗さんの長男です。大勢の社員から慕われていたカリスマ経営者の父親の後を継いだわけですが、社長内定を発表したときには、市場が2代目社長の手腕を不安視したからでしょうか、株価が低迷し、「お前のせいで株価が下がるんじゃ」と父親から怒鳴りつけられたことがあったそうです。（著書『ユニ・チャーム　共振の経営』より）。

しかし、このとき、高原豪久さんは「だったら、俺は俺のやり方でトコトンやってやる。創業者がひとりで引っ張ってきた会社を、社員全員が主体的に考え、自分で行動する会社に変えてやろう」と考えたそうです。

こうして生まれたのが「ＳＡＰＳ経営」です。まずは計画を立てて行動し、その成果を測定する、そして、その反省点を生かして次の計画を立てていきます。「左脳―実行型」だからこそ、つくり上げることができた仕組みだといえるでしょう。

また、高原さんは、アジアなどの新規市場も開拓し、成功を収めています。いまや同社の売上の半分以上がアジアです。

しかし、海外には、プロクター・アンド・ギャンブルやユニリーバなどの強大なライバルがいます。後発であるユニ・チャームが勝つためには、すでにあるマーケットではなく、ライバルのいない市場で戦うしかありませんでした。それがアジアです。とはいえ、そこには競合がいないだけでなくお客さんもいない、そもそも市場がないかもしれません。そのため、1人あたりGDP（国内総生産）がどのくらいになると紙おむつが買われるようになるのかなどを国ごとに綿密に調べて、ひとつひとつの市場を制覇していきました。

その際にも、「実際にそこで暮らしてみる」などといった、徹底した現場主義を貫いています。だからこそ、紙おむつ1枚入りの商品を開発して現地の人が手軽に買えるようにする、などといったアイデアが出てくるのでしょう。

高原さん自身も、1カ月の半分は日本で、残りの半分はアジアで仕事をしているとおっしゃっています。これは、出張などというレベルではありません。こうした現場主義こそ、「左脳―実行型」の戦い方の真骨頂といえるでしょう。

ビジョナリー（右脳―戦略型）

もうひとりは、先にも紹介した高岡浩三さんです。「右脳―戦略型」のリーダーである高岡さんは、ネスレ日本の社長をしていたときに「ネスカフェ・アンバサダー」をスタートさせました（図表３―８）。

ネスカフェ・アンバサダーとは、次のような制度です。これに申し込むと、工場や事業所などのオフィスに無料でコーヒーメーカー（バリスタ）が届けられます。これにインスタントコーヒーの詰替パックをセットすれば、いつでも淹れたてのコーヒーを飲むことができます。

このとき、ネスレにとってはお客さんのひとりである、その職場の誰かが「アンバサダー」になります。アンバサダーは、ネスレに代わって自主的に機器のメンテナンスや詰替パックの補充をおこなってくれます。

図表3－8　新規市場を開拓する

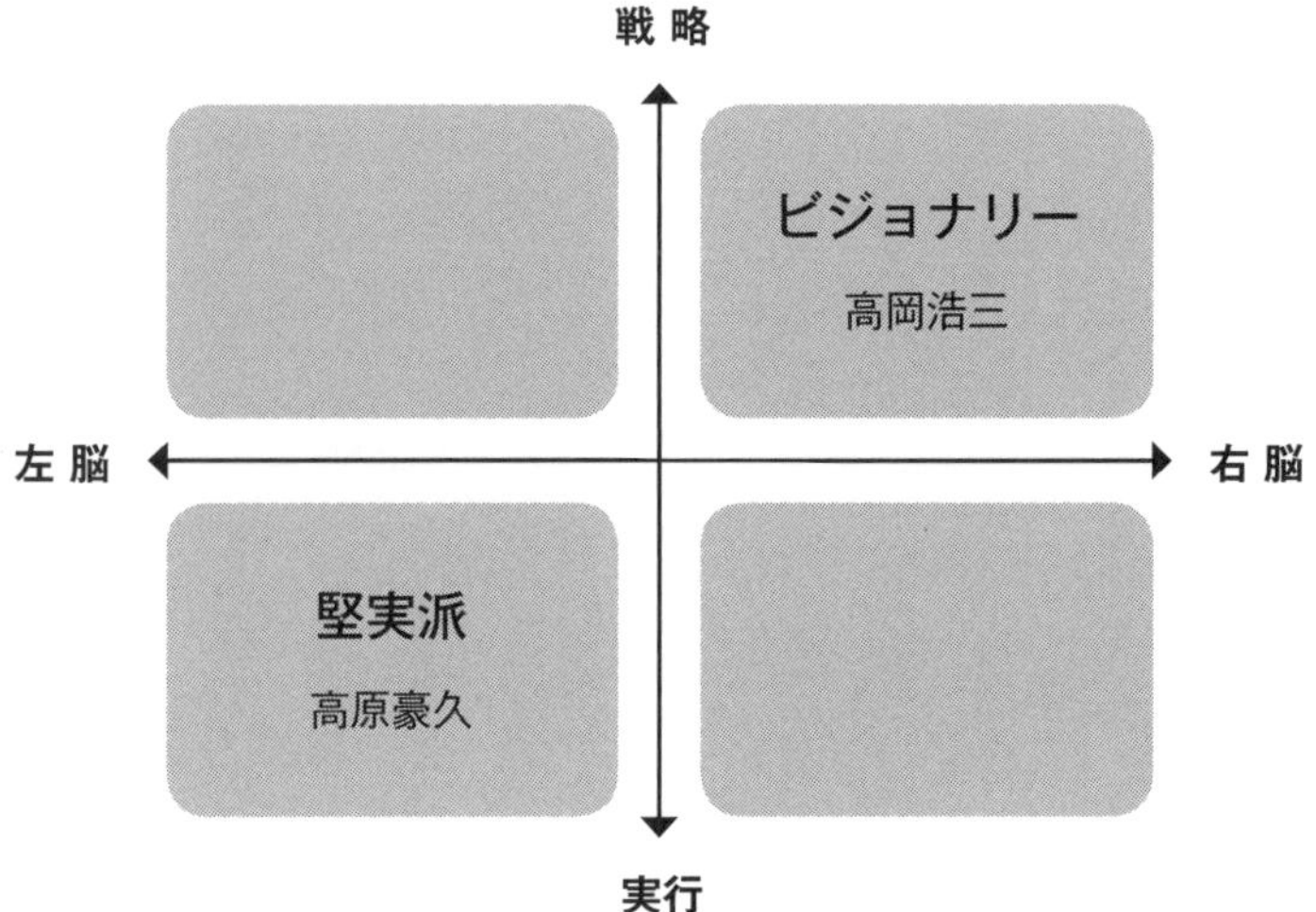

しかし、機器を無料で送り届けるとはいえ、「アンバサダー」という名の下で、補充や仕入れから、販売、代金回収までを無料でお客さんにやらせてしまうというのは、なかなか大胆なアイデアです。これを実現してしまうところも、「右脳―戦略型」ならではといえます。

ネスレにとっては、オペレーションのコストがほとんどかからず、コーヒーの詰替パックは継続的に購入されるというメリットもありますが、これは、単なるオペレーションレベルの話ではありません。非常に戦略的な意味があります。

というのも、ネスレは家庭市場では圧倒的に強いのですが、工場や事業所などのオフィス市場では、インスタントコーヒーがだんだん飲まれなくなり、苦戦していました。最近ではオフィスでコーヒーを見かけるとしたら、自動販売機で売られている缶コーヒーか、サーバーで提供されているカップ入りのコーヒーです。オフィスの近くのコンビニエンスストアでもコーヒーが販売されています。

そこになんとか入り込みたい。けれども、営業担当者を派遣したり代理店をつくったりしても採算がとれない。だったら、お客さんを自社の販売員（アンバサダー）に仕立て上げてしまおうというわけです。

図表3-9　経営者の戦い方（その2）

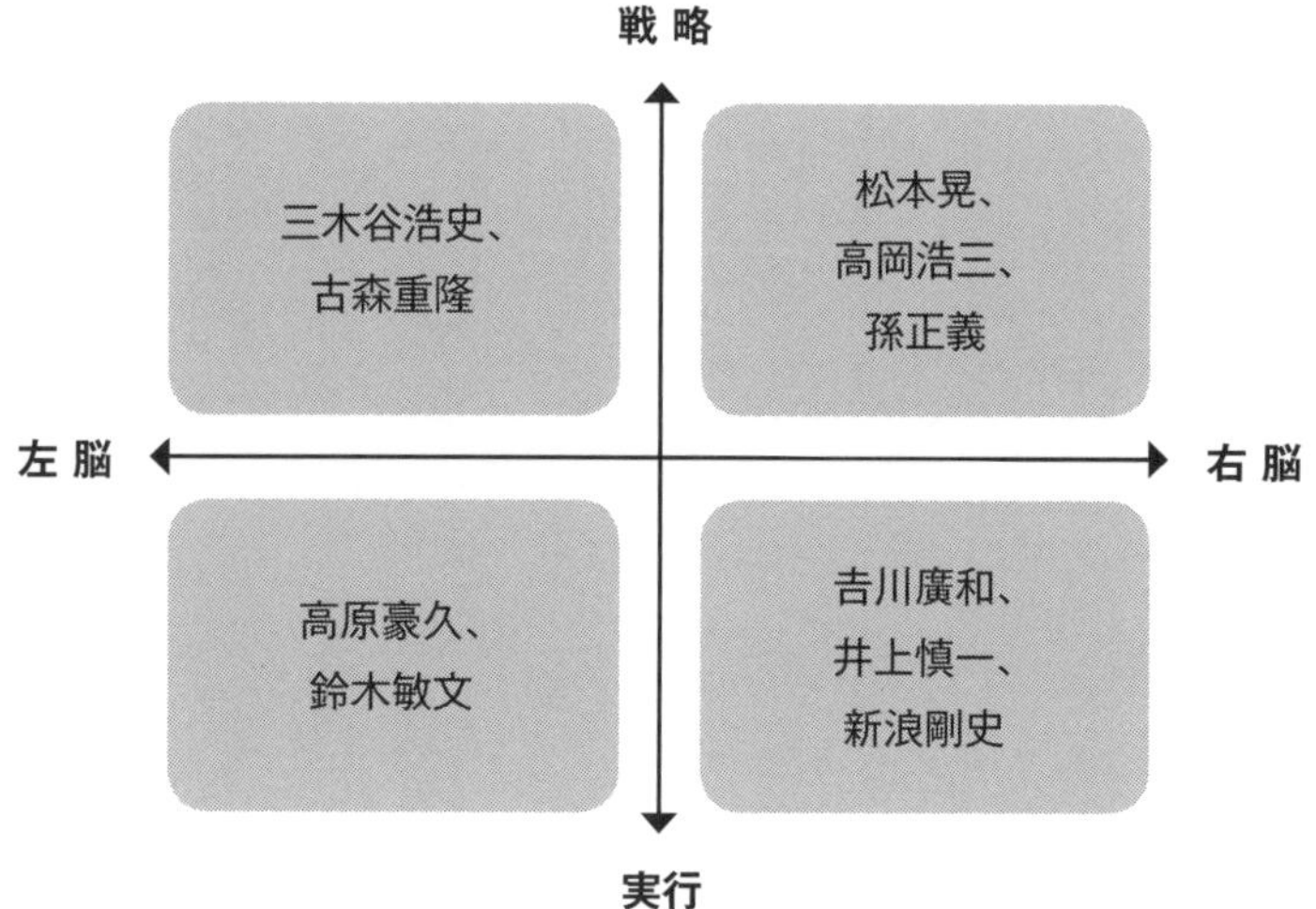

その背景には、新規市場の開拓という戦略的な意味があったのです。

本章のまとめ

・リーダーに求められるものは実にさまざま、すべてをひとりでカバーできない。
・自分が最も得意とする戦い方にフォーカスしよう。
・戦略か実行か、論理か感性か。この２軸で分類するとわかりやすい。
・「リーダーシップ・マトリクス」で整理された４分類のうち、自分の得意なスタイルはどれかを理解しておく。
・「理論解」に対し、「自分解」で対処できると、高い成果が得られる（図表３―９）。

第4章

ジレンマを乗り越える

得意技を生かして戦う

あなたが最も得意とする戦い方は、第３章で挙げた４つのタイプのうちのどれでしょうか。図表４―１は、それぞれのタイプのリーダーがどのような資質を持っているかをまとめたものです。

夢やビジョンを語ることや、新しいビジネスモデルを考えたりすることが好きな人は、「右脳―戦略型（ビジョナリー）」。パソコンでデータを集めたり、分析したりして、これから先どうなるかを考えるとわくわくする人は、「左脳―戦略型（軍師型）」です。

新しいことはなかなか思いつかないが、立てた計画を着実に実行していくのが得意な人は、「左脳―実行型（堅実派）」。理屈を並べるよりも、自ら動いてチームをまとめたり、幹事を引き受けたり、新しいお客さんに溶け込んだりするのが得意な人は、「右脳―実行型（率先垂範型）」です。

これら４つの戦い方すべてに対応しようとするのではなく、自分が最も得意とする

図表4－1　それぞれのタイプが持つ資質

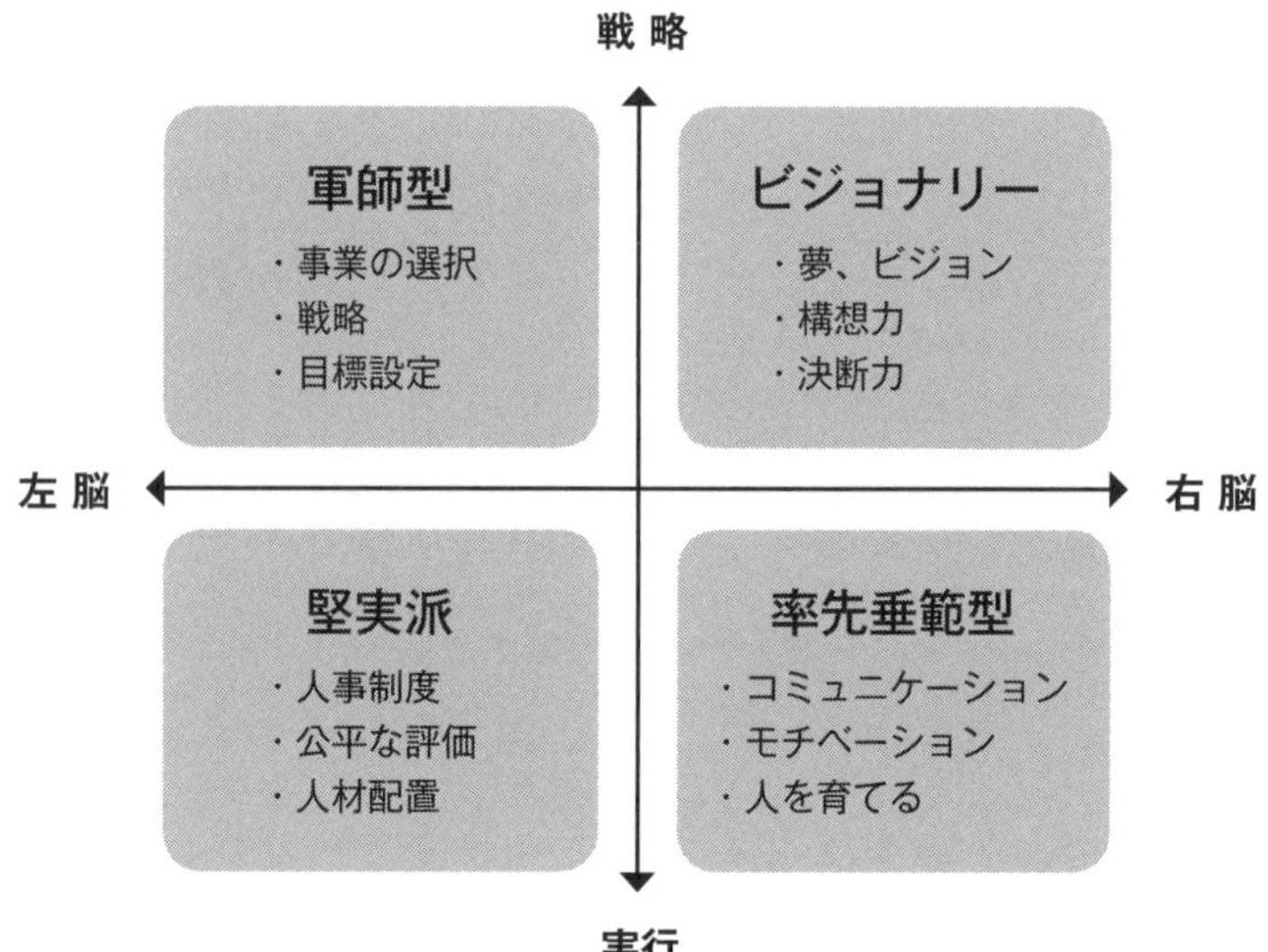

戦い方を磨き上げていくことを考えましょう。

また、それは、本当にあなたがしたいと思っている戦い方なのでしょうか。たとえば、私の場合、得意な領域は「戦略型」で、「実行型」は不得意です（図表4―2）。そして、やりたいかやりたくないかだけで言えば、「右脳―戦略型」はやりたい戦い方、「左脳―戦略型」はできればしたくない戦い方です。

したがって、「右脳―戦略型」と「左脳―戦略型」を選べるなら、躊躇なく「右脳―戦略型」を選びます。そこで経験を積んで、得意技に磨きがかかれば、「次もあいつに任せよう」という話になる可能性も高まります。

一方で「左脳―戦略型」を期待された際には、どうすればよいでしょうか。もちろん仕事として遂行しますが、同時に将来のことも考えます。それほど好きでなくても、それが他人から認められた自分の価値なら、それを磨いてその道のプロになるという考えもあります。

あるいは、どうしても「右脳―戦略型」の仕事をしたければ、どうすればそうした仕事が自分に回ってくるのかを考えます。チャンスが与えられたら、相手の期待以上のものを出そうと張り切って仕事する。それが認められれば、次も同じような仕事が

図表4－2　私が得意とする戦い方、苦手な戦い方

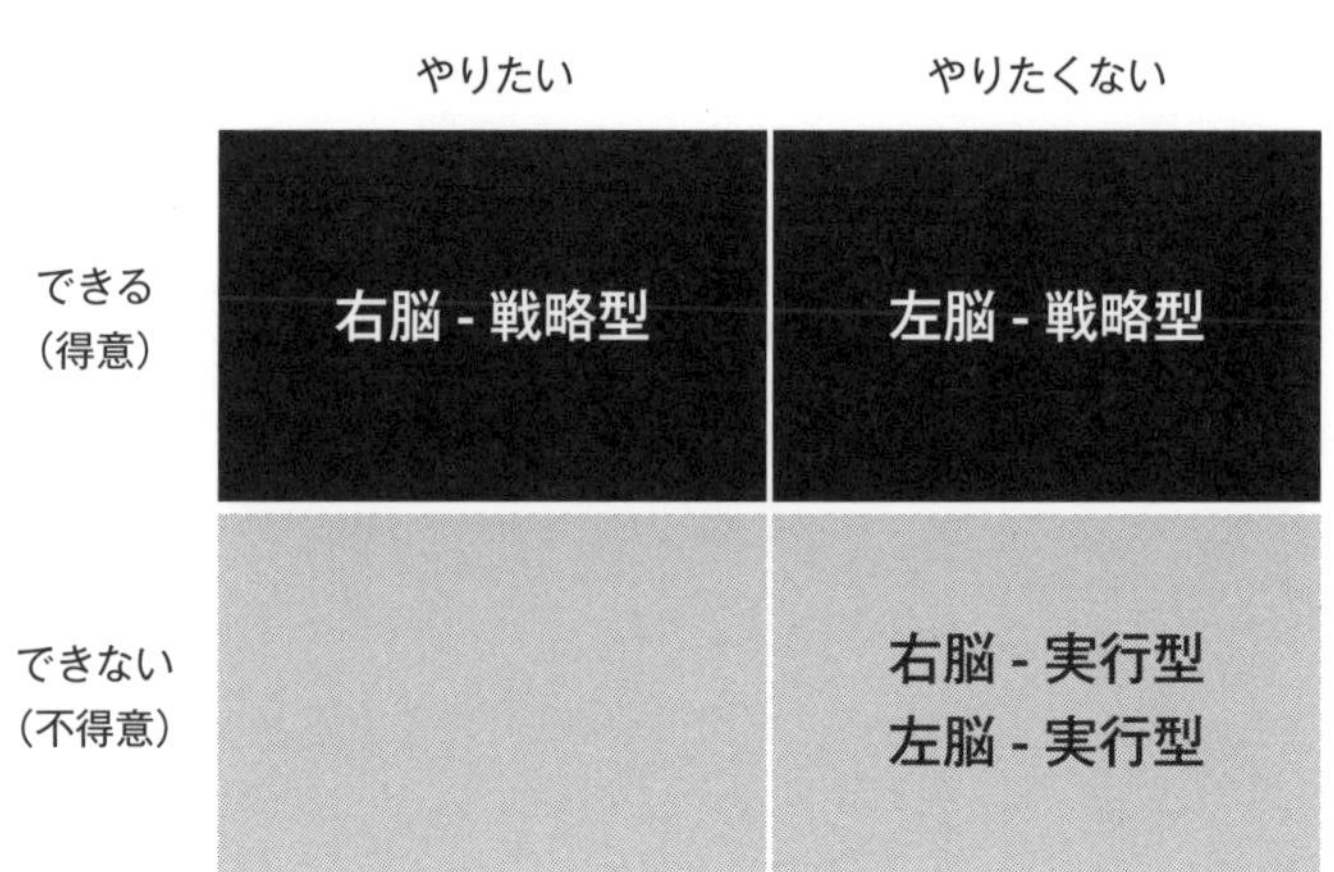

回ってくる可能性も高まるし、やりたい領域の仕事なので、さらに努力します。その結果、スキルが向上し、周囲にも認められる得意技として定着していくのです。

一方で、自分が不得意とする仕事が回ってきたり、まったくできない領域の仕事をカバーしなくてはならなかったりしたときにはどうすればよいでしょうか。無理やりその領域のスキルを身につけようとしても、そもそも得意ではないため、なかなかうまくいきません。

この場合は、自分の足りないスキルを持つ人を探して、助けてもらう、パートナーになってもらうことが効果的です。私の場合は「実行型」を得意とする人を頼ることになります。

もちろん、単に補完関係があるからといって、相手が助けてくれるとは限りません。どうすれば自分のやり方を気に入ってもらえるのか、あるいは喜んで自分の仕事を助けてくれるのか、相手にとっても自分にとっても利益があるウィンウィン（Win-Win）の方法を考えなければなりません。

あなたの得意技はどれか

次に挙げる項目をヒントにして、あなたの得意技がどれかを考えてみましょう。
あなたは、戦略と実行ではどちらが得意でしょうか。また、右脳か左脳かでいえば、どちらの傾向が強いのでしょうか。なお、「自分がどう思っているか」だけでなく「人からどう見えているか」も重要です。

戦略型

・いろいろと考えごとをするのが好き
・新しいことや大きなことが好き
・これまでのやり方を変えることに抵抗がない
・戦略を考えることが好き
・目標を立てることが好き

実行型

・何かを成し遂げることが好き
・人と話すことが好き
・チームで一緒にやることが好き
・計画を立てたり、仕組みをつくったりすることが得意
・最後までやり切ることが重要だと思う

右脳型

・いろいろと思いつく
・思いついたことは話したい、やってみたい
・人とは違うことがしたくなる
・朝令暮改は悪くないと思う
・失敗したらやり直せばよいと思う
・周囲を振り回しがち

左脳型

・ロジックや数字が好き
・分析が得意
・一貫性や整合性のある状態が好き
・漏れや抜かりがない状態が好き
・計画どおりに物事を成し遂げたいと思う

繰り返しになりますが、実際には誰もが皆これら4つの側面をすべて持っています。そのうえであえてその人の得意技に着目したのが、このリーダーシップ・マトリクスです。

第3章では、「既存事業を改革する」「新規事業を立ち上げる」などのそれぞれの場面で、いずれも、それぞれのタイプのリーダーが、自分の最も得意とする戦い方で勝負してきたことを見てきました。たとえば、「左脳―戦略型」の三木谷さんはロジックを、「右脳―実行型」の井上さんは自ら先頭に立って動くことを武器にして新事業を立ち上げ、成功に導いています。

どちらが正しいのかという答え（シングル・アンサー）はありません。自分が最も得意とする戦い方を見出し、それで勝負することが重要です。

あなたならどうする？——日本企業が抱える構造的な課題

しかし、現実には、どうしても避けられないミスマッチがあります。本書の第１章で見てきた「リーダーシップのジレンマ」です。そういった場面に直面したとき、どうすればよいのでしょうか。

たとえば、次に挙げる２つのポストが、会社からあなたに提示されたとします。あなたなら、どちらのポストを希望しますか。

Ａ　順調に成長し、業績をあげている事業部門のリーダー

Ｂ　このままいけば撤退が確実の事業部門のリーダー

Ａは、いままさに成長途上にある事業です。これまでの路線の延長上で、今後もまだまだ伸びるでしょう。新製品を開発して売り上げを増やしたり、業務を改善してコストを削ることで利益の上積みをはかったりすることも可能です。メンバーの士気も高く、リーダーにとっては理想的な状況といえるでしょう。

一方、Bはどうでしょうか。このまま進めば撤退が確実という危険な状況です。業界全体が成熟している、あるいは衰退している状態のなかで赤字が続いているなら、メンバーの士気を上げるのは難しいでしょう。「これ以上何をやってもダメだ」というあきらめムードが漂っていたなら、かなりの末期症状です。

さて、あなたならどちらのポストを選びますか。

AとBのどちらを選んでも待遇が同じなら、ほとんどの人がAを選ぶでしょう。これまで順調に出世街道を歩んできた「優等生タイプ」なら、間違いなくAを選ぶはずです。

しかし、このことは、会社側に立てば、やっかいな問題です。Aのポストには希望者が殺到しますが、Bのポストを希望する者はほとんど誰もいないからです。だからといって「問題児」の事業をそのまま放っておくわけにはいきません。

また、Bのポストにはどんな人がふさわしいかといえば、撤退も含めた大きな視座で現状をとらえ、一発逆転をねらった大胆な発想や決断ができるリーダーです。優等生タイプというより、逆境で燃える一匹狼タイプでしょう。

しかし、いまの日本企業を見わたしてみるとどうでしょうか。優等生タイプのリーダーがその予備軍を含めて大勢いるのに対して、社内の事業の多くはＡよりもＢのような状況にある、というのが現実ではないでしょうか（図表４―３）。

残念ながら、優等生タイプのリーダーには、Ｂのポストは務まりません。「ほとんどの事業がＡのような状態だったから、会社全体がうまく回ってきた」というのが、バブル崩壊前の日本企業の現実です。

スタイルの幅を広げる

こうした状況に対し、最近では社外からプロフェッショナルを雇うといった事例も増えています。

しかし、もしあなたが優等生タイプであるにもかかわらず、Ｂへの異動を命じられたらどうしますか。優等生タイプのリーダーから一匹狼タイプのリーダーに変わるの

図表4−3　理想と現実

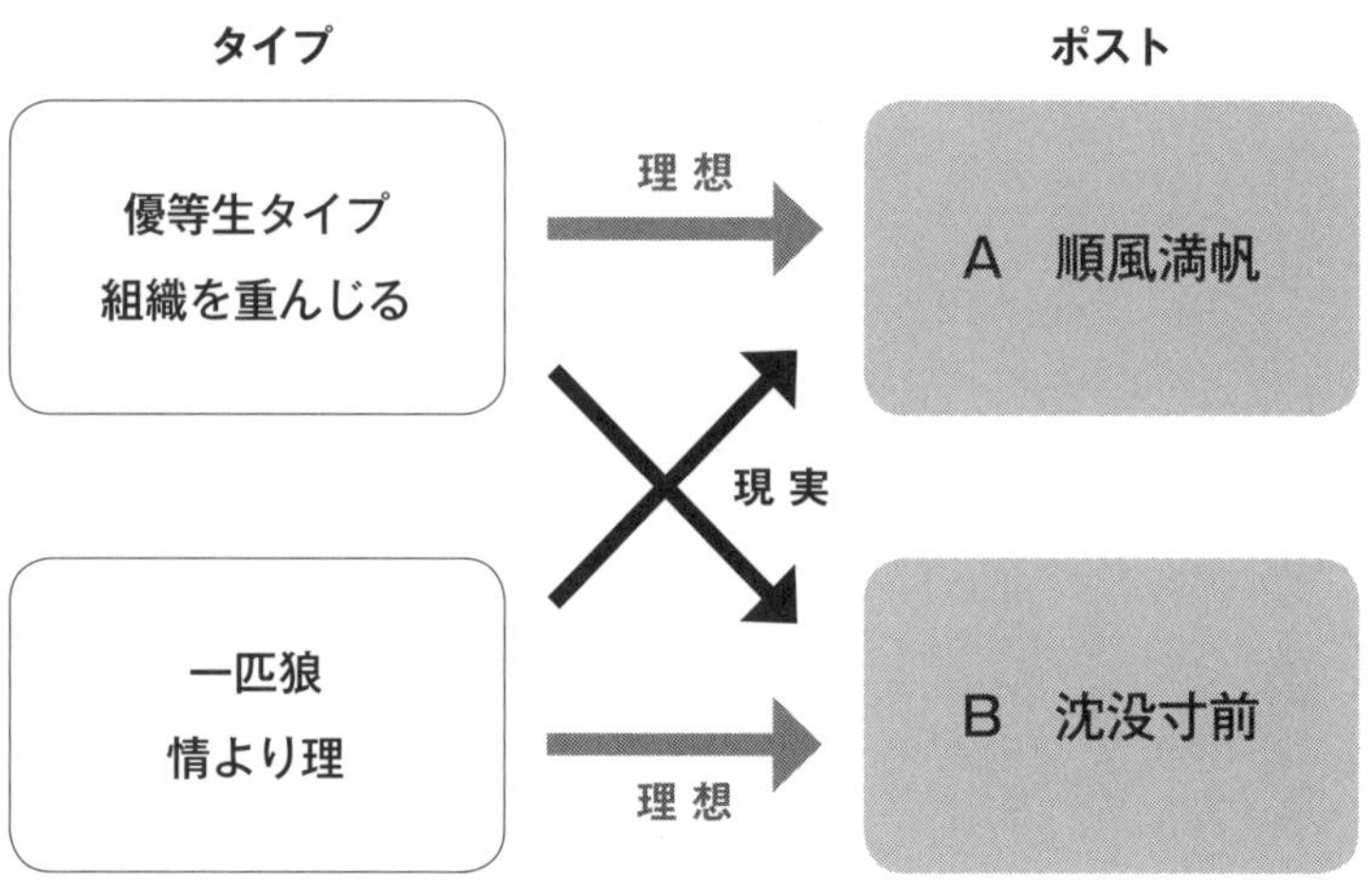

は簡単ではありません。かといって、日本企業では異動を断るのはご法度です。組織人として失格だと見なされてしまいます。

となると、与えられた環境のなかで自分のスタイルを変えていくしかありません。では、どうやってスタイルを変えればよいのでしょうか。

残念ながら、この場合は長期戦になります。いきなり何か新しい思い切った手を打てといわれても、そう簡単にはできないからです。あらかじめ、次に挙げるような方法で準備を進めておくことが重要です。

❶ロールモデルを探す
❷チャレンジする
❸シミュレーションする

ただし、どの方法においても、自分にできることとできないこと、得意なことと不得意なことを把握しておくことが前提条件です。それができていれば、会社が求めていることと突き合わせて、いまの自分の力で対応できるかどうかを見極めることができます。

いちばんよいのは経験もあって得意なことですが、そうでないときにどうするのか、何を身につけておけばよいのかを考えておくことが大切です。

ただし、私もそうでしたが、このようなとき、これまでの延長線上で物事をとらえてしまいがちになるので注意しましょう。たとえば、あなたをアサインする上司には、そのポストで求められる特性や環境要因が違った角度から見えており、そのうえであなたがそのポストに向いているかどうかを考えているはずだからです。未来のとらえ方が重要になってきます。

さらには、未来を考えるとき、「自分にはもっと力があるはずだ」「自分ならできるはずだ」といった願望（ウイッシュフル・シンキング）が入ってきやすくなります。こうした点にも注意しましょう。

❶ロールモデルを探す

どうやって戦い方の幅を広げるのか。ひとつ目の方法は「ロールモデル」を探すことです。ロールモデルとは、自分の手本となる人です。

なぜロールモデルが必要なのかというと、第1章で述べたように、リーダーシップには正解（シングル・アンサー）がないからです。自分にとっての個別解（自分解）は、自ら探し出す、あるいは、つくり上げていくしかありません。

しかし、個別解をゼロから生み出すのは、大変です。そこで参考となるのが、ロールモデルです。

あなたのまわりに、手本となる人はいるでしょうか。「あの人の、あのやり方は参考になる」「これはちょっと違うな」「この人のやり方は、こういう状況ならすごくいいけど、そうじゃないとダメだな」などといった視点で先輩や上司の動きを観察してみましょう。

その際、手本は、できるだけ身近な人であるべきです。「松下幸之助さんのようになりたい」「私の手本は孫正義さんだ」などと言う人もいますが、その人がどんな場面で、どんな行動をとり、その結果どうなったかを身近で見ていなければ、個別解を見出すための参考にはなりません。

身近にいれば、「なるほど、こうやって危機をしのぐのか」「一見すると何もやっていないように見えるけど、裏ではこんなことをしていたんだ」「ナンバーツーの人がそう振る舞うから、このやり方でも通用するんだな」などといったことを学べます。反対に「社内には、手本となるようなリーダーがいない」「とにかく私の上司はひどい」などといった場合は、思い切って反面教師にしてしまいましょう。私だったら絶対にそうしないという視点で観察するのです。

何年後かに上司になった自分が、「あれ？　いま私がしていることって、かつて反面教師にしたあの上司がやっていたことだな」と振り返ることができればよいのです。

また、自分にとっての個別解（自分解）にぴったりあてはまるような人が身近にいるというのは、かなり稀なことです。ほとんどの場合、そのような人はいません。したがって、誰かひとりに完璧なロールモデルを求めるのではなく、さまざまな人のさまざまな部分を参考にしたり、手本にしたりするようにしましょう。

❷チャレンジする

目標とするリーダーシップ・スタイルを身につける、あるいは、いま現在のスタイルの幅を広げるには、チャレンジが不可欠です。人は失敗しないと学べません。うまくいったことを繰り返すだけでは、進化や成長のための学びが得られないでしょう。リーダーシップも同じです。たくさんの痛い目に遭いながら学ぶしかありません。具体的には、次の２つのチャレンジがあります。

- **できないこと、苦手なことに挑戦する（弱点を補強する）**
- **得意なことをもっと伸ばす（強みを生かす）**

おそらく、ほとんどの人が自分の弱点を補強しなければいけないと思っているのではないでしょうか。しかし、本当にそれでよいのか、一度じっくり考えてみる必要があります。弱点を補強するのは、そう簡単ではないし、補強できたからといって、それが武器にはならないからです。がんばって、平均点レベルに手が届くかどうかでしょう。

たとえば、打撃は得意だが守備が苦手な野球選手がいたとします。彼にとっては守備練習も大事です。しかし、守備練習をしたからといって、試合に出られるかどうかはわかりません。それよりも得意な打撃をさらに磨いたほうが、試合に出られる確率は高まると思います。

リーダーシップも同じです。第3章で見てきた得意技（戦略立案やロジカル・シンキング、コミュニケーションなど）は徹底的に磨くべきです。

そうした観点から次のケースを考えてみてください。もし次の2つのポストが提示されたら、あなたはどちらを選びますか。

A　本社の経営企画部門で、課長に次ぐナンバー2のポジション

B　地方支店の営業統括課長。権限も責任もある

出世したいなら、Aを選んだほうがよいでしょう。しかし、幅を広げたい、実力をつけたいと思うなら、寄り道になるかもしれませんが、Bを選んだほうがよいと思います。そこがチャレンジできる場となるからです。

本社の経営企画部門は枢要かもしれませんが、ナンバー1とナンバー2では責任も権限もまったく違います。それよりも、何でも自分で実行し、結果責任を負うポストのほうが、たとえ失敗したとしても成長できるでしょう。修羅場を経験しなければ、肝っ玉も据わりません。

キャプテンの唇——修羅場を経験しないと育たない

チャレンジすることがいかに重要か。このことを、「チャレンジする側」ではなく、チャレンジする機会を与えてくれる「リーダーを育てる側」の視点に立って考えてみましょう。

ずいぶん前ですが、アメリカのミニコンピューター製造会社、データゼネラル（1999年にEMCコーポレーション、現在のデルEMCが買収）の創業者の伝記を読んだことがあります。そのなかには、リーダーを育てるための方法論として大変参考になる話が載っていました。

それは、船の船長（キャプテン）が、航海中に若い航海士をどうやってキャプテンに育て上げるかという話です。当たり前ですが、風も波もない大海原でいくら舵取りを任せても、よいキャプテンには育ちません。嵐のなか、浅瀬や岩場が続くなかで舵取りを任せて、実際に痛い目に遭わせることで、初めて成長するのです。修羅場を経験しないと、よいリーダーが育たないのと同じです。

重要なのは、その先の話です。実際に嵐のなかで舵取りを任せると、経験不足の若い航海士は危なっかしくて、黙って見ていられません。「それではダメだから、こうしろ」「そこをどけ、俺がやってみせる」と、つい口を出してしまうそうです。

しかし、これでは航海士は育ちません。本当に育てたいと思うなら、口を出す代わりに、自分の唇を血がにじむくらいまでかみしめて我慢すべきなのです。放っておくと船が難破してしまうかもしれませんが、その難所を実際に経験させなければ、航海士は育ちません。

問われるのは、「どこまで我慢できるか」というキャプテンの肝っ玉です。本当にリーダーを育てようと思ったら、ある程度は失敗に目をつむって、さまざまな経験をさせるべきです。逆に言えば、育てられる側の責任や能力ではなく、育てる側の力量が問われるのです。

いかがでしょうか。チャレンジさせてもらえる、修羅場を経験させてもらえるというのは、リーダー予備軍にとって大変貴重な機会なのです。

苦労を買ってでもする。こうした機会は見逃してはならないと思います。

❸シミュレーションする

シミュレーションとは、リーダーになってから経験することを、リーダーになる前にあらかじめやっておこうというものです。「もし自分が課長だったらどうするか」「部長だったらどうするか」「役員だったらどうするか」を常に考えるようにします。

ただし、真剣にやらなければ意味がありません。「俺だったらこうやるのになぁ」くらいではダメです。自分だったらどうするのかを具体的に考え、それがどんな結果となったかを頭のなかで検証します。そのうえで、実際に上司がとった方法や結果と比べてみるのです。その際には、自分の直接の上司よりも、もうひとつ上のポジションからの視点（2つ上の視点）で見ておくと、より効果的です（図表4―4）。

では、どうやってシミュレーションをするのか。事例を見てみましょう。

あなたが、新商品の発売を準備しているチームリーダー（係長クラス）だとします。新製品はすでに完成しており、最終的なテストをしている段階で、6カ月後には発売予定です。いまは生産計画やマーケティングプランを検討しています。ところが、競争相手から同じ分野の新製品が3カ月後に発売されることがわかりました。あなたならどうしますか？

このとき、実際の責任者である部長（2つ上のポジション）はどんな決断を下すでしょうか。次の2つの意思決定が考えられます。

- **案A**　発売を前倒しして2カ月後とする。競合に先を越されると新製品効果が薄れてしまう。また、新商品が予定どおり売上に寄与しないと、今期の年間目標の達成も難しくなる。

図表４－４　２つ上の視点でシミュレーションする

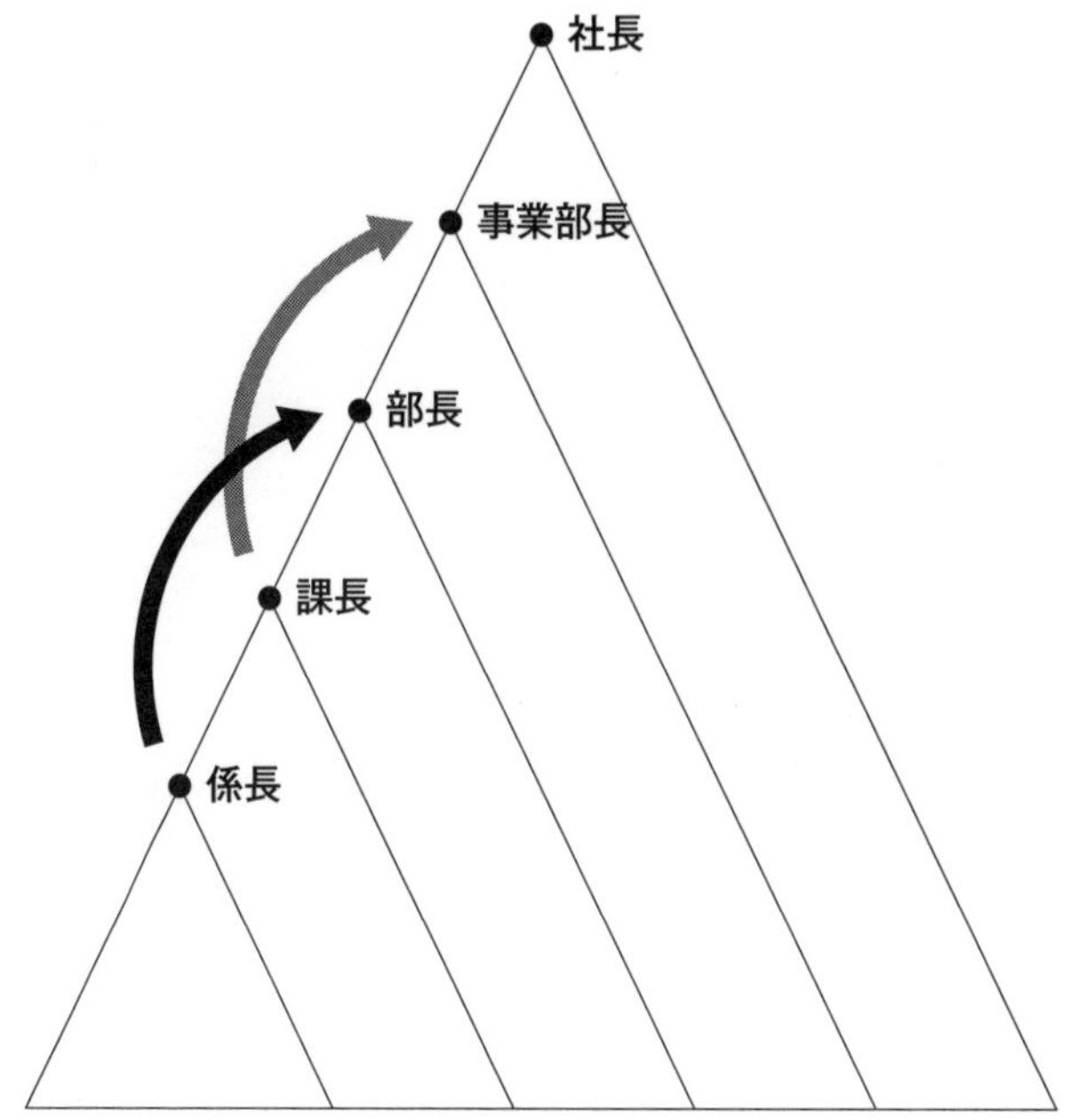

・**案B**　予定どおり6カ月後の発売とする。すでにかなり無理して進めてきたので、これ以上の期間短縮はトラブル発生の原因となりかねない。今期の年間目標達成は難しくなるが、商品力があるので後からでも追いつける。2、3年後には盛り返しているだろう。

自分が部長になったつもりで考えてみましょう。プロジェクトや競合、チャネル、顧客のことを考えて、自分のなかでロジックを組み立ててみるのです。

そして、あなたが〈案B〉を選んだにもかかわらず、実際の部長は〈案A〉を採用したとします。

このとき、〈案A〉という決断が下されたことによって、その後、市場では何が起きたのでしょうか、あるいはどんな問題が生じたのでしょうか、最終的にはうまくいったのでしょうか。

そうした結果を踏まえながら、もしも自分が正しいと思った〈案B〉で進めたときにはどんな結果になっただろうかと考えてみるのが、シミュレーションです。

シミュレーションを通じて、自分が思い描いていたよりも、部長のほうが深く広く見ていたことがわかれば、そもそも自分には何が欠けていたのか、何を読み切れなかったのかがわかります。

もちろん、その反対の場合もあります。どちらに転んだとしても、自分の考えがよかったのかどうかを検証することができます。

こうしたシミュレーションを、さまざまな場面で、できるだけたくさんやっておきましょう。真剣にシミュレーションをしておけば、その分、大きな学びが得られます。

そうすれば、実際に部長になったとき、自信を持ってその役割を果たすことができます。

「パートナー」を見つける

自分の得意な戦い方は変えずに、「パートナーを見つける」という選択肢もあります。

たとえば、ホンダを創業した本田宗一郎さんには藤澤武夫さん、ソニーを創業した井深大さんには盛田昭夫さん、ヤマト運輸で宅配便事業を立ち上げた小倉昌男さんには都築幹彦さん、マイクロソフトを立ち上げたビル・ゲイツさんにはスティーブ・バルマーさんというように、優れたリーダーには必ず、その人の不得手なところを補ってくれる「優秀なパートナー」がいました。

自分が苦手なところを理解して、それを補ってくれるパートナーを見出し、タッグを組むことで、リーダーシップのジレンマを乗り越えることができます。

マザーハウスの山口絵理子さんと山崎大祐さんも、二人三脚で非常にうまくいっているケースだと思います。

山口さんは、バングラデシュに留学したとき、現地の悲惨な状況に驚いて、「この国をなんとかしてあげたい」という思いだけでビジネスを始めてしまったような人です。自分ができることはデザインだということで、ジュート（麻）を使った高品質のバッグをバングラデシュで生産して輸入販売するための会社、マザーハウスを設立しました。第3章で説明したリーダーシップ・マトリクスでいえば、山口さんは、ビジョナリー（右脳―戦略型）でしょう。

しかし、ビジネスを始めたものの、思いばかりではうまくいきません。お店が開けない、資金がまわらない、人が集まらないといった問題が噴出するわけですが、こうしたことをすべてカバーしているのが、副社長の山崎さんです。山崎さんは、ビジョナリーの対極に位置する堅実派（左脳─実行型）だと思います。

このように、マトリクスにおいて２人の強みが補完関係にあると、とてもよいパートナーシップが生まれると思います。

諫言してくれる人はいるか

パートナーの重要性を語るときに必ず私が思い出す話があります。それは、ホンダの経営陣から直接聞いた、創業者の本田宗一郎さんとその相棒だった藤澤武夫さんの話です。

ホンダはオートバイメーカーから四輪車に進出しこともあり、当時の乗用車としてはきわめて珍しい「空冷エンジン車」を売り出して成功していました。街を走るクルマのほとんどがラジエーターを使って水で冷やす「水冷エンジン車」であるのに対し、空冷エンジン車は、技術のホンダならではのこだわりであり、その提唱者は当時社長の本田さんでした。

しかし、排ガス規制の流れが強まるなか、対策をとりやすいのは水冷エンジンです。ホンダの若手技術陣は、水冷エンジンへの転換を主張しました。なかでも、エンジン開発のリーダーを務める久米是志さんはその最右翼でした。

ところが、ホンダの総帥である本田さんが、うんと言ってくれません。悩み続けた久米さんは、ついに出社拒否になってしまったそうです。

そして、久米さんの出社拒否が1カ月に及んだとき、それまで技術のことには一切、口出ししてこなかった藤澤さんが本田さんにこう言ったそうです。

「あなたはホンダの技術屋として働き続けるのか、それとも社長を務めるのか。両方はできません。どちらをやりたいのか、選んでください」

ぐっと詰まった本田さんは、その翌日、「やっぱり俺はホンダの社長をやるべきだと思う」と答えたそうです。そこからホンダのエンジン開発は、全面的に若手に任せるようになりました。そして生まれたのが、当時世界で最も厳しい環境規制と言われたアメリカのマスキー法を一番乗りでクリアした「CVCCエンジン」です。

ここで伝えたいことは、ホンダのエンジン開発物語ではありません。オーナー企業の経営者のような絶対的な力を持つリーダーに対して、会社を辞めるくらいの覚悟で諫言する相方がいたということです。実際にお会いしたことはありませんが、本田さんは右脳型、藤澤さんは左脳型だと思います。

リーダーは孤独です。放っておくと、周囲はイエスマンばかりになってしまいます。そうならないようにするためにも、お互いに心の底まで打ち明けられるパートナーを見つけて、その存在を大切にしていってほしいと思います。

チャンピオンとゴッドファーザー

また、「パートナー」というよりも「後見人」ともいえる存在が、組織のなかで大きな力となってくれるケースもあります。社内である程度の影響力を持ち、場合によっては組織を動かし、必要なときには守ってくれる存在です。

こうした関係にある2人をそれぞれ「チャンピオン」「ゴッドファーザー」と呼ぶことにしましょう（図表４―５）。

チャンピオンとは、新しいパラダイムを提唱する人たちです。クルマでいえば、エ

図表4－5　パラダイムシフトには2つの異なる機能が必要

ゴッドファーザー(リーダー)
●後見人
●経営者

チャンピオン(パラダイムシフター)
●推進役
●創造者・提唱者

ンジンとアクセルで、ある意味、前に進むことしか知らない人たちです。

一方、ゴッドファーザーは後見人です。クルマでいえば、ハンドルとブレーキです。あるときはハンドルを切ってチャンピオンを守ったり、ブレーキ役になったりします。チャンピオンの思いを実現するためには欠かせない存在です。

ソニー・コンピュータエンタテインメント（現ソニー・インタラクティブエンタテインメント）の社長や会長を務めた丸山茂雄さんと、「プレイステーション」の生みの親である久夛良木健さんの関係が典型だと思います。

久夛良木さんは、非常に優秀なエンジニアですが、思い込んだら突っ走ってしまう人です（チャンピオン）。それがソニーのなかで久夛良木さんを浮いた存在にさせてしまうわけですが、当時ソニー・ミュージックエンタテインメント社長だった丸谷さんは、「そんなに久夛良木が言うなら、やらせてみようじゃないか」と言ってソニーの幹部を口説いたのです（ゴッドファーザー）。

こうした2人の組み合わせは、社会全体の価値観を劇的に変化させる「パラダイムシフト」において欠かせないものです。パラダイムシフターと呼ばれるアイデアのもとになる人と、それを実行する人がいなければ、革命は起きないし、成し遂げることもできません。

一般的には、ほとんどの企業でチャンピオンは出世できずにいます。むしろ冷や飯を食べていたり、馬鹿にされたりしていることもあります。いまのパラダイムに合わない変わり者だからです。しかし、変化に対する理解はあるが、自分ひとりでは具体的な未来を見通せないゴッドファーザーがいて、チャンピオンに対して「こいつに思う存分やらせてみたい」と思ったとき、この2人の組み合わせが最強のタッグとなってパラダイムシフトが起こるのです。

あなたはどちらのタイプでしょうか。自分では新しいアイデアを生み出せないが、会社のなかで枢要なポジションにいるなら、社内の変わり者やチャンピオンを見つけていくことがあなたの役割です。

一方、なぜ皆は自分の考えをわかってくれないのかと思っているなら、自分の考えを理解してくれるゴッドファーザーを探しましょう。ゴッドファーザーは、チャンピオンの思いを組織のなかで実現するために不可欠な存在です。

なかには、ひとりで2役をこなしてしまう人もいますが、異なるタイプの組み合わせはとても大事です。

「飛び出る」という選択肢も

そして最後には、「飛び出る」という選択肢もあります。会社から与えられたものとは異なる、自分が望む方向へ環境要因を変える方法です（図表４―６）。

向き不向きは、好き嫌い、できるできないとは違います。求められているのが、一匹狼タイプ、あるいは新しいことにチャレンジするタイプ、トラブルシューティングが得意なタイプだとして、どうしてもそれが自分に向かない場合は、環境要因を変えるしかありません。

ただし、その際には、できるだけカメラ（視点）を引いて、自分自身を客観的に見るようにしましょう。

どのように客観視するのかについては、元サッカー日本代表の遠藤保仁選手のインタビューが参考になると思います。

「試合のときに何を考えているんですか」という問いかけに対して遠藤選手は、「鳥になったつもりでいるんだ」と答えています。鳥になってフィールドを見下ろし、キー

図表4－6　ジレンマを乗り越える

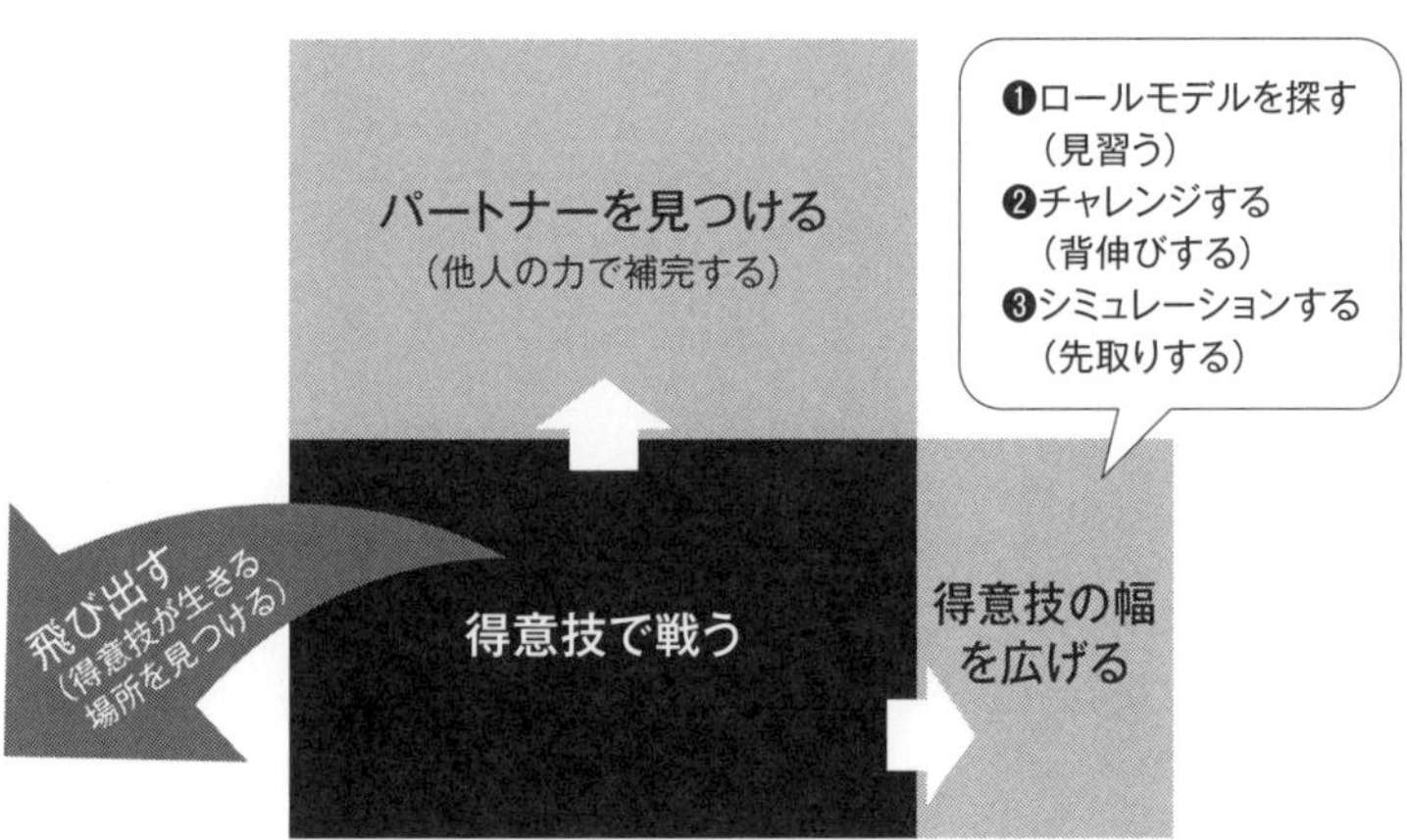

パーを除いた20人のプレーヤー（自分も含めた）をどう動かすかをいつも考えているそうです。味方だけでなく、相手の選手も動かそうとする発想はすごいと思います。

大切なのは、自分ができることについて、どのような「市場価値」があるかです。市場価値とは、専門的なスキルや知識、経験によって構成される人材市場での価値です。

ただし、専門的なスキルや知識、経験があればどんなものでもよい、というわけではありません。そもそもそこに「そのスキルや知識、経験を持っている人を欲しい」という市場がなければ、価値が生まれないからです。市場があってはじめて需給関係で価値が生じます。

先に挙げた事例を思い出してください。規定路線を手際よく進める優等生タイプのリーダーが大勢いるのに対し、事業再建や破綻処理を任せられる一匹狼タイプのリーダーはあまりいないという話をしました。これは、優等生タイプの市場価値が低く、一匹狼タイプの市場価値が高いことを示しています。市場価値を高めるためには、これからどのような分野でどういったスキルに需要が集まるかを見極めることも大切です。

また、市場価値とは別に「企業内価値」もあります。企業内価値とは、その会社ならではの組織の動かし方や仕事の進め方に対する熟練度、社内人脈を持っているかどうか、同僚や取引先からの信頼度など、その企業のなかだけで通用する価値です。

組織内での昇進を望むなら、市場価値よりも企業内価値を高めるべきです。しかし、企業内価値だけでは、会社がつぶれたときに外に飛び出しても、誰も雇ってくれません。自分はどのくらいの市場価値と企業内価値を持っているのか、今後はどちらを伸ばしていくのかを考えておきましょう。どこの会社に行っても通用するプロフェッショナルを目指して市場価値で勝負するのか、あるいは、いまの会社や仕事が好きだから、ここで偉くなってこの会社を動かしていきたいと思うかです。

本章のまとめ

・どんな場面でも、自分が最も得意とする戦い方を貫くべき。
・しかし、それができないときもある。そのためには、あらかじめ準備が必要。
・ロールモデルを探す、チャレンジする、シミュレーションするといった手法で、戦い方の幅を広げておく。

・自分に欠けている部分を補ってくれる「パートナー」の存在がカギとなることも。優れたリーダーには必ず、そうした存在がいた。

・それでもダメな場合、最後は「飛び出る」という選択肢も。

第5章

答えのない時代だからこそ求められるもの

時代が求める3つの条件

最後に、いまの時代、この混迷の時代だからこそ求められるリーダーの条件を３つ挙げておきましょう。いまは、次に何が起こるのかわからない、答えのない時代です。だからこそ、リーダーに欠かせない条件があります。

❶先見性
❷決断力
❸実行力

以下、それぞれについて見ていきましょう。

❶先見性

なぜ先見性が大事なのか。先に述べたように、いまは何が起こるかわからない時代、ちょっとした様子見が死を招くこともある時代だからです。

たとえば、スマホゲームの台頭に苦戦しているゲーム専用機メーカーが、「もう一度ゲーム専用機の時代がやってくる」と考えて、嵐が通り過ぎるのを待っていたらどうなるでしょうか。期待どおり、専用機の時代が再びやってくるかもしれませんが、もし来なかったら大変なことになります。

わからなければ、わからないなりに先を読む。これは、何が起こるかわからない時代のリーダーに欠かせない資質のひとつです。

富士フイルムの古森重隆会長は、フィルム事業が最も稼いでいるときに「もうフィルムの時代は終わりだ」と発言しました。経営者としては、なかなかできないことです。しかし、リーダーには、自分たちが手がけている事業について、より高い視座から状況を客観視することが求められます。

１００年に一度の大変革期に直面しているといわれている自動車業界も、まさにそうです。クルマという製品にとどまらず、モビリティそのものが大きな変化を起こす可能性があります。業種を超えた企業と連携するなど、経営陣には先見性が問われています。

ソフトバンクの孫正義さんも、次にどんな時代が来るかを読んでいます。そうした考えのなかで買ったヤフーやアリババの株がその後、大きなリターンをもたらしました。いまはビジョン・ファンドに力を入れています。もちろん失敗もあります。たとえば、新型コロナウイルス感染拡大の影響で、投資した会社の価値が大きく毀損し、苦境に立たされました。しかし、先見性は、いまの時代のリーダーにとって不可欠な能力です。

❷決断力

２つ目は、決断力です。たとえ先見性があったとしても、それを決断に結びつけられなければ、何も見通せず、見逃しているのと同じです。わからなければ、わからないなりに先を読み、決断する。これも、いまの時代に欠かせない能力です。

たとえば、松井証券の松井道夫さんは、「これからネット証券の時代がやってくる。だから、自分たちの会社でもネット証券をやろう」と考えたわけですが、それだけにとどまりませんでした。「ネット証券を始めるなら、店舗も営業マンもなくしてしまおう」と考え、それらを廃止してしまったのです。

こうした思い切った意思決定は、なかなかできません。すでに世の中にネット証券会社がたくさんあり、成功しているならともかく、まだ誰もやっていないときに、しかも、既存の証券会社にとっては「店舗や営業マンがコア・コンピタンスだ」と思われているときに、それらを廃止したのです。これが決断力です。

また、事業の選択と集中に取り組んでいる企業は多々ありますが、そのほとんどが、いまの事業をやめて他の新しい事業に移るのではなく、新しい事業の芽が出るまでは現在の事業も続けようという姿勢ではないでしょうか。これでは経営資源が分散してしまうし、なかなか本気になれません。

宅配便という革新的なサービスを世に送り出したヤマト運輸の小倉昌男さんは、宅配便ビジネスを始めるとき、それまでの法人取引をすべてやめることで自ら退路を断ちました。背水の陣をしくことで成功したわけです。

マイクロソフトを創業したビル・ゲイツさんも自ら退路を断って事業を成功させたと言えます。創業時、同社躍進の原動力となったのはＩＢＭ互換パソコンのＯＳ（ＭＳ―ＤＯＳ）ですが、実はＩＢＭがアップルに対抗してパソコンをつくろうと決めたとき、ＯＳの外部調達先として最初に目をつけたのはマイクロソフトではなかったのです。当時の有力なＯＳ「ＣＰ／Ｍ」をつくっていたデジタルリサーチという会社でした。しかし、ビル・ゲイツさんは、まだ自分の会社でＯＳを開発していないのに、その仕事をＩＢＭから引き受けたのです。

ビジネスになると思ったのでしょう。ＩＢＭの仕事を受けてから、ＯＳを探して買ってきたといわれています。この意思決定が、同社のその後の躍進へとつながっていくわけです。

いずれも結果論で、後から言えることではありますが、そのときにそうした意思決定ができるかどうかが重要です。今日のリーダーには、こうした決断力が求められています。

❸実行力

そして、３つ目が実行力です。先見性があり、決断することができた。であれば、そこで立ち止まらず、実行にまで落とし込まなければ意味がありません。特にオペレーションで成功している企業を見れば、リーダーの実行力が欠かせないことがわかります。

たとえば、セブンイレブンを始めた鈴木敏文さんが徹底してオペレーションにこだわったことは有名です。売れ筋の管理や、店のディスプレー、棚の並べ方、商品の配送方法など、通常なら見逃してしまうようなところにも徹底してこだわったことが、いまの成功につながっています。

ユニクロを経営するファーストリテイリングの柳井正さんも同様です。現場に非常に精通しており、店にくると、いつも的確な指示を出すそうです。現場の人にとってはやりにくい面もあると思いますが、トップが現場に通じているということが同社の強みでもあります。

スピード――もうひとつの条件

先見性、決断力、実行力。これら3つが、いまの時代のリーダーに欠かせない条件ですが、あえてもうひとつ、これに付け加えるとすると、それは「スピード」です。しかも経営には、次の3つのスピードがあります。

- **問題に気づくスピード**
- **意思決定のスピード**
- **実行のスピード**

これら3つのスピードについて、私が創作した寓話「虎と靴ひも」を紹介しながら説明しましょう。

虎と靴ひも

仲のよい友人の2人が、ジャングルのなかを旅していると突然、虎が現れました。しかし、不幸なことに2人は、拳銃やライフルといった武器を何も持っていません。

このままでは虎に襲われてしまいます。

そのとき、ひとりがしゃがみこみ、靴ひもを結び直しました。もうひとりの男が「おまえは何をやっているんだ」と聞くと、靴ひもを結び直している男は「虎から逃げるためだ」と言います。

「そんなことをしても、虎から逃げられるはずがないじゃないか」と反論します。すると、靴ひもを結び直している男は、こう言って走り出しました。

「おまえより早く逃げるためだ」

いかがでしょうか。なぜこの寓話が大事なのか、考えてみましょう。

まず、経営では、正しい問題にいち早く気づくことが不可欠です。

もし、この寓話の登場人物たちが「いかにして虎より速く走るか」という問題を設定していたら、どうなったでしょうか。残念ながら、この問いには答えがありません。バイクやクルマがあれば別ですが、彼らは何も持っていません。

しかし、「虎は一度に2人を襲えないという状況のなかで、どうするか」という問題設定なら、どうでしょうか。虎より速く走れませんが、友人より速く走ることができれば、虎から逃げられるかもしれません。問題を正しく理解すること、しかもいち早くそれに気づくことが大切です。

また、靴ひもを結び直して友人より速く逃げるというのは、なかなか難しい意思決定です。友人を見捨てることになるからです。反対に「俺が盾になるから、おまえが逃げろ」という意思決定もあるでしょう。

しかし、危機に陥った企業が、コストカットや不採算事業の売却などのリストラを余儀なくされるシーンを想像すれば、理解できると思います。そうした非情な意思決定も、やはりスピードが勝負です。これはわが社の祖業だから、あるいは、いまの社長が専務だったときに始めた事業だからもう少し様子を見ようなどと悠長に構えていたら、リストラしても追いつかない危機的状況に陥ってしまうでしょう。寓話の場合は、2人とも虎に食べられてしまいます。

そして、最後は、その意思決定を実行に移すスピードです。逃げているときに靴ひもがほどけたら、転んでしまいます。だから、まずは、靴ひもを結び直すことが重要なのです。

有事のリーダーシップ

2011年に東日本大震災が起きたとき、ある企業では、被災地支援のために支店長クラスの人材を全国から集めて急遽、現地入りさせたそうですが、そのとき、平時にはわからなかったことが浮かび上がってきたそうです。

それは、人材評価の逆転です。これまで人事考課では高評価で優秀とされてきた人材が現地ではまるで役に立たず、反対に、人事考課では少し問題があると評価されてきた人たちが大活躍したそうです。

人事考課で高評価だった人たちは、上司からの指示や意向に従ったり、本社にお伺いを立てたりする傾向が強く、通信が遮断している現地での活動は後手後手に回るものばかりです。

これに対し、問題ありと評価されてきた人たちは、独自の判断でスピーディーな施策を次々と実行し、地元の人たちから大変感謝されたそうです。

では、平時と有事では、必要とされるリーダーシップがどう違うのでしょうか。

最大の違いは、有事には十分な情報が得られないということでしょう。となると、限られた情報のなかで判断して、実行に結びつけていかなければなりません。数カ月後や半年後、1年後にどうなっているかは誰にもわからず、十分な情報が集まったときには、すでに決着がついているでしょう。

とにかく、限られた情報のなかで、いち早く答えを出すのです。この章の冒頭で挙げた3つの条件（先見性、決断力、実行力）は、まさに有事に必要とされるリーダーの条件です。

加えて、スピードも必要です。わからないなら、わからないなりに試してみて、すばやく軌道修正していくことが大事です。

とはいえ、スピードさえあれば、やみくもでもよいかというと、そうではありません。

カギとなるのは「想像力（イマジネーション）」です。予測でも、将来の答え合わせで正解を導き出すものでもありません。どんな可能性があるのか、イマジネーションを膨らませてみることで、思考の幅を広げるのです。

・予測する（これまでの常識やデータに基づいて将来を導き出す）
・想像する（先入観や常識を排除して、思いをめぐらせる。妄想する）

たとえば、スマートフォンや人工知能（ＡＩ）など、かつてＳＦ映画に登場したものの多くが、いまや現実のものとなっています。大いに想像力を働かせておけば、万一の場合でも想定外のことは起こらないし、たとえ対策が打てていなくても、慌てずに対処できるでしょう。うまくいけば、先手を打つこともできるかもしれません。

想像力は、有事のリーダーシップに欠かせないものです。

「取り出した剣が錆びていた」とならないように

ところで、これまで述べてきたリーダーシップは、先天的なものでしょうか、それとも後天的なものでしょうか。

先天的な要素も大きいと思います。しかし、それを試す機会がなかったり、本人が努力しなかったりしたなら、宝の持ち腐れです。先天的なリーダーシップを持っていたとしても、よいリーダーにはなれないでしょう。

一方でリーダーシップのなかには、後天的に育まれるものもあります。たとえば、腹のくくり方や、失敗からの学び、人の気持ちに対する理解などです。よかれと思ってやったことが裏目に出る場合もありますが、場数を踏めば、そうした失敗から学んだり、失敗する過程で人の気持ちが理解できたりします。

こうした努力を積み重ねていかないと、いくら先天的なリーダーシップがあったとしても、「取り出した剣が錆びていた」という結果になります。できるだけ早い段階から、持って生まれたものを使ってみることが大事です。

なぜその人についていくのか——フォロワーから見たリーダーシップ

フォロワーから見たリーダーシップについても考えてみましょう。リーダーの魅力は、「なぜその人についていくのか」の裏返しでもあります。

たとえば、ボストンコンサルティンググループ（ＢＣＧ）では、マネジャーが、それぞれのプロジェクトにおけるキーパーソンでした。マネジャーのもとで何人ものコンサルタントが働いて、成果を生み出していきます。

マネジャー次第で、プロジェクトがうまく進んだり、迷走したり、頓挫したりする場面をよく見てきました。チームをまとめるのが下手で、メンバー全員が必ずオーバーワークになってしまうマネジャーもいれば、とにかく任せておけば大丈夫、いつも予定どおりに結果を出してくれるマネジャーもいました。

意外だったのは、メンバー全員がオーバーワークになってしまう、そんなマネジャーのなかにも、部下たちからの人気の高い人がいたということです。教科書にあるような決まった答えはなく、そのときそのときで、さまざまなフォロワーがいるのだということを学びました。

歴史上の人物ですが、項羽と劉邦の話もそうした事実を裏づけるエピソードのひとつです。中国の秦王朝滅亡後、主導権を握った項羽は、リーダーの要件をすべて兼ね備えるスーパーマンでした。ひとりで何でもできてしまいます。

一方、項羽と戦った劉邦は、その対極にあります。酒好きで女好き、非常に疑り深い性格で、だらしない、すぐに前言を翻すような、どうしようもないリーダーでした。しかし、劉邦のもとには優秀な人材が大勢集まったのに対し、項羽のもとにはあまり集まらなかったそうです。

結果、劉邦が勝ち、項羽が負けるわけですが、勝敗を決めたのはやはり、それぞれのもとに集まった人材でした。劉邦のもとには、「こいつは俺が助けてやらないと何もできない」と思った強者や野心家が大勢集まったのです。そのなかにはすごく能力のある人たちもいました。

反対に、何でもひとりでできてしまうスーパーマンの項羽には、彼よりも能力が劣る人しか集まらなかったそうです。

必ずしも完全無欠の人が、よいリーダーになれるわけではない。どうしてこんな人が、という人が結果を残すこともある。そうした事例は私たちの世界にもあります。興味のある方には、司馬遼太郎さんの小説『項羽と劉邦』をお勧めします。同書からもリーダーシップを学べます。

決め手は「人間力」と「運」

さて、本書では、本来自分が持っている「個性」を生かしながらリーダーシップを発揮すること、すなわち、自分が最も得意とする戦い方にフォーカスすることに力点をおいてきました。

しかし、その一方で、組織が置かれている状況や組織の癖などの「環境要因」を考慮して、どんなリーダーシップが必要とされているかを見極めること、さらには長期的な視点でリーダーシップの幅を広げていくことの大切さについても述べてきました。

最後に、リーダーシップの決め手となるものとして、その人が持つ「人間力」と「運」を挙げておきたいと思います。

図表5−1　リーダー力を決める４要素

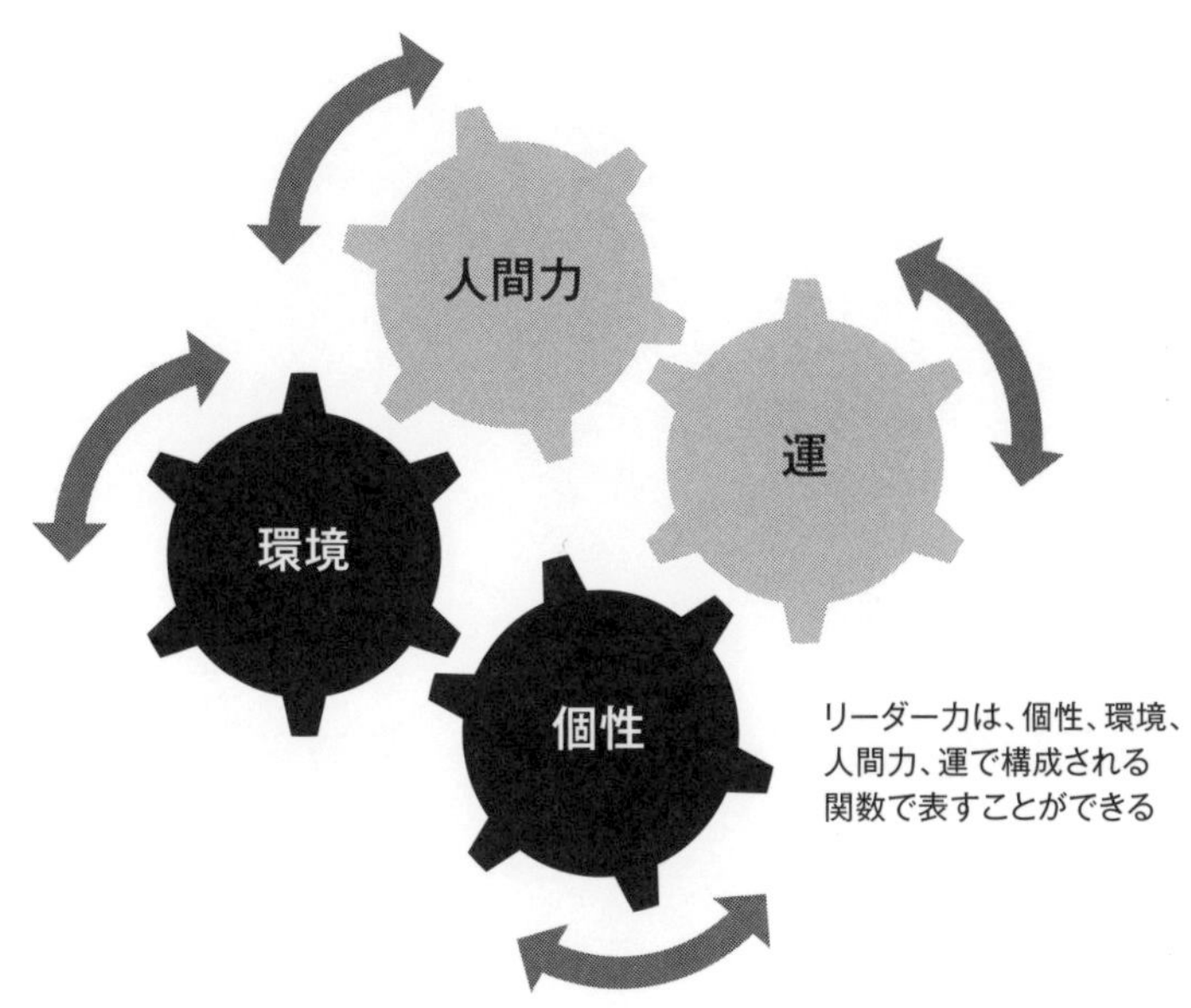

リーダーとしての魅力や実力をも含めた「リーダー力」は、次に示すとおり、個性、環境、人間力、運で構成される関数として表すことができます（図表5―1）。

リーダー力＝f（個性、環境、人間力、運）

個性は、これまで述べてきた自分が最も得意とする戦い方を、環境は、第2章で取り上げてきた環境要因を指しています。

人間力とは何か

では、「人間力」とは何でしょうか。人間力とは、まさにその人が持って生まれた魅力（チャーム）に、これまで積み上げてきた徳を加えたものです。

人間力＝チャーム＋徳

これまで私は、さまざまなリーダーの方々とお会いしてきましたが、そのなかには、欠点があるにもかかわらず、フォロワーたちから大変好かれている魅力的な方がたくさんいました。

また、ＢＣＧでは、決して優秀とはいえない、どちらかといえばダメなマネジャーなのですが、「彼のチームに加わりたい」と言ってメンバーが集まってくる、人気者のマネジャーもいました。先に事例として挙げた劉邦のようです。不思議に思って、なぜ彼のチームに入りたいのかという理由を聞いてみると、「彼は、私がいないとダメなんです」といった使命感のような答えが返ってきました。

こうしたことから、仕事ができるできないとは別の軸がリーダーにはある、と確信しています。

それが「チャーム」です。人によって大小ありますが、チャームはどんな人にも必ずあります。たとえば、型破りな思考をするところが面白い、一緒にいて楽しいなど、自分自身のチャームがどこにあるのかを知っておくとよいでしょう。チャームは、理解するだけでなく、生かすことが大事です。

なぜかメンバーがたくさん集まってくるダメなマネジャーの場合は、「誰かの役に立ちたい」「助けたい」という気持ちをフォロワーから引き出すのがうまかったのだと思います。フォロワーにとっては、自分を認めてくれる、存在意義を明らかにしてくれるからこそ、彼についていきたいと思うのでしょう。

第4章で「パートナー」について述べましたが、もし、あなたのチャームを理解し、評価してくれている人が応援団やパートナーになってくれたなら、最強の組み合わせが生まれると思います。

これは、コーチングのスキルがあるとか、モチベーションのマネジメントができているかとは別次元の話です。

とはいえ、自分にはあまりチャームがないという場合はどうしたらよいでしょうか。人によって大小あるものの、どんな人にも必ずあるチャームを、自分のなかでうまく見出せない場合です。

こうした質問を受けときの私の答えは、「徳を積みなさい」です。

徳は、人間力を構成するもうひとつの構成要素です。正しいおこないや尊敬できる行動、後ろ指をさされない姿勢を日々積み重ねることによって人は徳を習得することができます。

徳を積み上げることによって、自分のチャームが他人に理解されるようになったり、自分でも気づいていなかった新しいチャームが発現したりします。

ですから、徳はできるだけたくさん積み上げましょう。約束を守る、期待を裏切らないといったことをきちんと実行していけば、自然と徳が積み上がり、リーダーとしての信頼も高まっていきます。

ただし、いくら徳を積んでもチャームの代わりにはならないという点には注意してください。チャームと徳を足し合わせたもの、それが人間力です。

運はつかみとるもの

さて、リーダーシップにおける、もうひとつの決め手、それが「運」です。

運については、スポーツライターである二宮清純さんの言葉を紹介するのが、わかりやすいと思います。それは、次のとおりです。

ギャンブラーは、運を天に任せる人。勝負師は、最後まで運をつかもうと努力する人。

成功と失敗は常に紙一重です。したがって、最後の決め手となる運は、ただそれを大切にすればよいというものではありません。常に自ら引き寄せようとする努力、つかみ取ろうとする努力が必要です。こうした努力も、魅力的なリーダーになるために必要不可欠な条件です。

また、運は人生にとっても大切です。私はできるだけ、運のよい人と付き合うようにしたいと考えています。そうすることで、仕事がスムーズに運んだり、うまくいったりする可能性が高くなるからです。

ほとんどの場合、運のよい人は、忙しい人です。これは「バンドワゴン効果」によるものでしょう。バンドワゴン効果とは、「パレードの先頭を走る楽隊車（バンドワゴン）に乗りたい」「皆が持っているから私も欲しい」「流行には乗り遅れたくない」といった、多数派の意見を重視する心理的な効果です。運のよい人や仕事ができる人には、人も仕事も集まってきます。

ただし、次の2点に注意してください。

ひとつは、人によって、持っている運の種類が違うことです。金運に強い人もいれば、仕事運や出世運、さらには相性運などの対人運に強い人もいます。どんな運をつかないでもらいたいかによって、相手を選ぶことが重要です。

もうひとつは、すべてを運任せにしないことです。「まだまだツキが足りない」と感じて、運をつかみとる努力を怠らないようにしましょう。

運を天に任せるのではなく、最後まで運をつかもうと努力することが大切です。

本章のまとめ

・答えのない時代だからこそ、リーダーに求められるものがある。
・それは、先見性、決断力、実行力、そしてスピード。
・リーダーシップには先天的なものと、後天的に育まれるものがある。「取り出した剣が錆びていた」とならないように。
・最後の決め手は、人間力と運。

あとがき

リーダーシップに正解はない。自分が最も得意とする戦い方（自分解）で勝負しよう。

本書で述べてきたこのメッセージは、私たちのビジネス人生が「自分解を探す旅（リーダーシップ・ジャーニー）」であることを示しています。

多くの読者は、いまはまだリーダーシップ・ジャーニーの出発地点にいるか、あるいは出発間もない地点にいることでしょう。そして、これから続く旅のなかでは、自分の置かれた環境やポジションが変わったり、それに合わせて自分解もまた進化させていったりすることがあると思います。

リーダーシップ・ジャーニーは、終わりのない旅だといえるでしょう。

私自身もそうでした。ＢＣＧというコンサルティング会社で数人のチームメンバーを束ねるマネジャーだったとき、パートナーとして会社の経営に携わるようになったとき、さらに国内のみならずグローバルなミッションを任されたとき、それぞれの場面ごとに異なるリーダーシップが求められ、それに応えてきました。

その後、活動の場所が大学に移ると、今度は教師としてのリーダーシップが求められるようになります。そのときそのときで常に試行錯誤しながら、ベストを模索してきました。

これが、私のリーダーシップ・ジャーニーです。

この旅には到達地点がありません。常に旅の途上にあるのが、リーダーシップなのです。道中では、自分自身を振り返ってみたり、まわりの反応や成果を見きわめたりしながら、チューニングしていく必要があります。自分解を探しながら、自分解そのものの幅を広げていくのです。

型破りの変革リーダーに

われわれはいま新型コロナウイルス感染拡大の危機を経て、さらに強いリーダーシップが求められるステージに立っています。それは「変革のリーダー」です。

そして、変革のリーダーになるためには、これまで常識とされてきた殻を打ち破り、新しいやり方を生み出していかなければなりません。そのためにも、たくさんの経験を積んでおく必要があります。これまでのやり方にとらわれない新機軸を打ち立てるためには、既存のやり方を知り尽くしておかなければならないのです。

たとえば、日本の伝統芸術である歌舞伎には、演者の動き方や芝居の演出方法など、これまでの長い年月をかけて磨き上げられてきた「型」があります。その歌舞伎をさらに大勢の人に知ってもらおうと新たな演出を取り入れたり、海外で上演したりするなど、さまざまなチャレンジをしてきた歌舞伎役者の中村勘三郎さん（いまの6代目中村勘九郎さんのお父さん）は生前、テレビ番組のインタビューでこんなことをおっしゃっていました。

これまでの「型」を熟知し、きちんと習得した人が、従来の型にとらわれない新機軸を打ち出して新しいことに挑戦する。これが「型破り」だと。一方で、型をきちんと習得せず、何も知らずにやるのは、「型無し」あるいは「破れかぶれ」です。

変革も同じです。破れかぶれではダメ、型破りでなければなりません。

本書では、自分を知ることの大切さを説いてきましたが、「自分を知る」ということは「型におさまる」ということではありません。多くのチャレンジを通じて、リーダーシップの幅を広げていく。そうすることで、型破りを起こして、変革期にも通用する、よいリーダーになれると思います。

なお、本書で取り上げたリーダーの方々は、私が個人的に知っている方ばかりで、勝手ながら私の見立てで類型化させていただきました。「俺はこの分類と違うぞ」とおっしゃる方や、表現が気に入らず、お気に障られた方もいらっしゃると思いますが、「内田じゃあ、しょうがないな」と許していただければ幸いです。

また、最後になりましたが、本書の執筆においては原稿段階から早稲田ビジネススクールおよび商学部の内田ゼミの皆さんにも目を通してもらいました。さまざまなアドバイスをしてくれたOBやOGの皆さん、多数の現役ゼミ生に感謝します。とりわけ、佐藤伸之さん、兵頭賢さん、簗瀬裕子さん、高橋寿瑞さん、葵木慎吾さん、佐藤一司さんからは、本の内容をわかりやすくしたり、表現不足を補ったりするためのアイデアをいただきました。

これまで何冊も私の本を手がけてくれた日経BPの伊藤公一さんには、今回も執筆の初期段階から親身にサポートしていただき、感謝の言葉もありません。ありがとうございました。

この本をきっかけにして、たくさんの優れた変革リーダーが登場してきてほしいと願っています。

参考文献&読書ガイド

内田和成『右脳思考』東洋経済新報社、２０１９年

古森重隆『魂の経営』東洋経済新報社、２０１３年

司馬遼太郎『項羽と劉邦』新潮文庫、１９８４年

グリーンリーフ、ロバート・Ｋ『サーバント・リーダーシップ』英治出版、２００８年

高岡浩三『ゲームのルールを変えろ』ダイヤモンド社、２０１３年

高原豪久『ユニ・チャーム　共振の経営』日本経済新聞出版、２０１４年

都築幹彦『どん底から生まれた宅急便』日本経済新聞出版、２０１３年

童門冬二『小説　上杉鷹山』人物文庫、１９９５年

トーゲル、ギンカ『女性が管理職になったら読む本』日本経済新聞出版、２０１６年

西堀榮三郎『創造力』講談社、１９９０年

二宮清純『勝者の思考法』ＰＨＰ新書、２００１年

バーカー、ジョエル『パラダイムの魔力　新装版』日経ＢＰ、２０１４年
バッキンガム、マーカス『最高のリーダー、マネジャーがいつも考えているたったひとつのこと』日本経済新聞出版、２００６年
ベニス、ウォレン『リーダーになる　増補改訂版』海と月社、２００８年
三隅二不二『リーダーシップの科学』講談社、１９８６年
吉川廣和『壁を壊す』ダイヤモンド社、２００７年
ラス、トム『ストレングス・リーダーシップ』日本経済新聞出版、２０１３年

【著者紹介】

内田 和成（うちだ・かずなり）

早稲田大学ビジネススクール教授。

東京大学工学部卒業。慶應義塾大学経営学修士（MBA）。日本航空を経て、1985年ボストン コンサルティング グループ（BCG）入社。2000年6月から2004年12月までBCG日本代表、2009年12月までシニア・アドバイザーを務める。2006年には「世界の有力コンサルタント25人」（米コンサルティング・マガジン）に選出された。

2006年より現職。ビジネススクールで競争戦略論やリーダーシップ論を教えるほか、エグゼクティブ・プログラムでの講義や企業のリーダーシップ・トレーニングも行う。

著書に『仮説思考』『論点思考』『右脳思考』（いずれも東洋経済新報社）、『異業種競争戦略』（日本経済新聞出版）、『ゲーム・チェンジャーの競争戦略』（編著、日本経済新聞出版）などがある。

Facebookページ　https://www.facebook.com/kazuchidaofficial/

note　https://note.com/kaz_uchida

リーダーの戦い方
最強の経営者は「自分解」で勝負する

2020年6月19日　1版1刷

著　者　内田和成

発行者　白石　賢

発　行　日経BP
日本経済新聞出版本部

発　売　日経BPマーケティング
〒105-8308　東京都港区虎ノ門4-3-12

装　幀　松田行正

DTP　タクトシステム

印刷・製本　中央精版印刷株式会社

ISBN978-4-532-32051-5

Printed in Japan